ERLEBNIS TRANSSIBIRISCHE

EINE TRAUMREISE VON MOSKAU ZUM PAZIFIK

EISENBAHN

ERLEBNIS TRANSSIBIRISCHE EISENBAHN

Reader's Digest

Deutschland · Schweiz · Österreich

ERLEBNIS TRANSSIBIRISCHE EISENBAHN

EINE TRAUMREISE VON MOSKAU ZUM PAZIFIK

SEITE 2/3 *Der Zug jagt durch die mongolische Steppe
und nähert sich der Hauptstadt Ulaan Baatar.*

SEITE 8/9 *Die Selenga begleitet die Schienen ein Stück
in Richtung Mongolei und China.*

SEITE 10/11 *Auf der Strecke der alten Baikalbahn sind
39 Tunnel erhalten geblieben.*

TRANSSIBIRISCHE EISENBAHN

0   N   400 km

OCHOTSKISCHES MEER

INSEL SACHALIN

Lena

Aldanhochland

es Bergland

Angara

Ust-Kust

Bratsk

Stanowoj Hochland

Baikal-Amur-Magistrale (BAM)

Baikal-Amur-straße (BAM)

Taksimo

Sewerobajkalsk

Tynda

Skoworodino

Jerofej Pawlowitsch

Mogotscha

Amurbahn

Komsomolsk na Amure

Sowetskaja Gawan

Baikalsee

Ust-Bargusin

Witim

Sandowylgebirge

Swobodnyj

Belogorsk

Amur

Sseja

Chabarowsk

Ussolje-Sibirskoje

Angarsk

Port Bajkal

Kultuk

Sljudjanka

Irkutsk

Listwjanka

Ulan-Ude

Transbaikalbahn

Tschita

Nertschinsk

Schilka

Amur

Blagoweschtschensk

Amurbahn

Birobidschan

Oblutschje

Sichote-Alin

Raikalbahn

Myssowaja

Chilok

Tarskaja

Ingoda

Argun

Großer Chingan

Amur

Gussinoje Osero

Borsja

Nauschki

Sabajkalsk

Hailar

Transmandschurische Bahn

Mandschurei

Songhua

Jiamusi

Ussurijbahn

Selenga

Ussuri

Chankasee

Spassk-Dalnij

Ulaan Baatar

Harbin

Mudanjian

Ussurijsk

Wladiwostok

ONGOLEI

Transmongolische Bahn

Innere Mongolei

CHINA

Changchun

Songhua

JAPANISCHES MEER

ste Gobi

Erlian

Shenyang

Fushun

NORDKOREA

JAPAN

Datong

Peking

Dalian

nördlicher Polarkreis

65° n. Br.

60° n. Br.

55° n. Br.

50° n. Br.

45° n. Br.

40° n. Br.

100° ö. L.

120° ö. L.

140° ö. L.

Aldan

Maja

Lena

Stanowojgebirge

Balkalgebirge

7

RUSSLANDS GIGANTISCHE LEBENSADER

AUF SCHIENEN DURCH DEN »ACHTEN KONTINENT«

OBEN *In jedem Waggon sind zwei Schaffner oder Schaffnerinnen beschäftigt.*

RECHTE SEITE OBEN *Auf den langen Fahrten hat man viel Zeit zum Lesen (links) Die gute Laune zu behalten fällt nicht schwer (Mitte). Das Wackeln der Waggons macht das Servieren nicht leicht (rechts).*

RECHTS *Beste russische Küche bietet das Restaurant im Sonderzug »Zarengold«.*

Es gibt kein Zurück mehr. Der Aufbruch in Russlands wilden Osten beginnt, als sich mit einem sanften Ruck der Zug in Bewegung setzt: »Ta-tong, ta-tong« rumpeln die Räder allmählich schneller werdend über die Schienen. Hell klirren die Löffel in den Teegläsern, ein Abteilgenosse überhäuft das kleine Tischchen mit Keksdosen und Proviantpaketen, die Schaffnerin bringt die Bettwäsche vorbei. Zunächst sieht man nur schmuddelige Plattenbauten. Die Fahrgäste sind neugierig und aufgeregt, haben ein wenig Angstschweiß auf der Stirn. Skepsis mischt sich unter die lang gehegte Vorfreude. Was war es nur, das so drängte, sich in das Abenteuer Transsibirische Eisenbahn zu stürzen?

Ein lang gehegter Traum, die nicht fassbare Sehnsucht, einmal auf der längsten Bahnstrecke der Welt den eurasischen Kontinent zu durchqueren. Einmal die Grenze nach Asien nicht hoch in den Lüften, sondern im Kontakt zur Erde zu überqueren. Einmal die Füße in das kristallklare Wasser des Baikalsees stecken, den würzigen Duft der Taiga einatmen, die unendlichen Weiten Sibiriens an sich vorbeiziehen lassen, sich in das Flimmern schneeweißer Birkenstämme vor dem Zugfenster versenken, märchenhaft bunte Holzhäuschen vorübergleiten sehen, einmal über den gigantisch breiten Fluss Amur blicken und dann – möge es doch möglichst weit weg sein – am Strand von Wladiwostok den Wind des Stillen Ozeans spüren.

Dieser Traum muss kein Traum bleiben, schließlich ist eine Reise auf der Transsib heutzutage kein schwieriges Unternehmen mehr. Während der 70 Jahre des Bestehens der Sowjetunion dagegen war es Ausländern nur in Gruppen und unter Aufsicht strenger Reiseleiter möglich, das Land zu besuchen. Gezielt bekamen sie eine heile, sozialistische Welt serviert, während viele Städte »geschlossen«, das heißt für Ausländer tabu waren. Das gab natürlich Anlass zu Spekulationen – welche Düsternis hielt man wohl dort vor den Augen der Welt verborgen? In den 1990er Jahren dann reisten nur abenteuerhungrige Enthusiasten nach Russland, denn der Staat steckte tief in einer kritischen Phase politischer Umwälzungen. Geschichten über ausgeraubte und hinterlistig um ihre Dollar betrogene Touristen kursierten in der westlichen Presse – sicher nicht zu Unrecht. Zum Glück sind diese völlig chaotischen Zeiten vorbei, Russland erlebt einen immensen wirtschaftlichen Aufschwung und

Großartigkeit der Landschaften und das faszinierende Kulturleben die Eindrücke dominieren?

Moskau, boomende Metropole und altehrwürdige Hauptstadt – hier, im Herzen Russlands, beginnt die lange Reise in Richtung Pazifik. Am Jaroslawler Bahnhof im Nordosten der Stadt markiert eine eiserne Säule den Beginn des Abenteuers, der Nullkilometer der Transsib. Bis ins ferne Wladiwostok muss ein Zug 16 gewaltige Ströme überqueren und sieben Tage der aufgehenden Sonne entgegenfahren, immer am südlichen Rand der sibirischen Nadelwaldzone, der Taiga, entlang. Sieben Zeitzonen hat er hinter sich gelassen, wenn er endlich die Endstation am Stillen Ozean, den Bahnhof von Wladiwostok erreicht. Dort wird den Bahnreisenden eine ähnliche Kilometersäule begrüßen – 9288 Kilometer haben die Fahrgäste seit Moskau zurückgelegt!

Doch Russland bietet nicht nur den weltweit längsten durchgehenden Schienenstrang, es ist wie selbstverständlich das größte Land der Erde. Und zudem hat es weitere Superlative zu verzeichnen: den tiefsten und wasserreichsten See auf diesem Globus, den Baikal, oder Moskau als größte Metropole Europas, die Wolga als längsten Fluss Europas. Der mit minus 77,8 Grad

steht nun den Besuchern aus aller Welt offen gegenüber. Ausländische Reisende können sich heute so frei auf russischem Territorium bewegen wie schon lange nicht mehr.

Und so macht sich Neugier breit. Der Forschergeist meldet sich mit dem Wunsch, endlich eigene Entdeckungen in diesem merkwürdigen Russland und diesem nicht greifbaren Sibirien zu machen. Würden alle bösen Vorurteile bestätigt werden über gleichgültige Umweltverschmutzung, unfreundliche Verkäuferinnen und leberschädigenden Wodkakonsum? Oder werden die sprichwörtliche russische Gastfreundschaft, die

LINKE SEITE Im Schneckentempo schnauft die alte Dampflok »Lebedjanka« das Baikalufer entlang.

OBEN LINKS Bei den längeren Aufenthalten an größeren Stationen kann man sich die Beine auf dem Bahnsteig vertreten und frische Luft schnappen.

OBEN Russische Schaffnerinnen wollen auch in Arbeitskleidung stets adrett aussehen.

LINKS Reges Treiben am Jaroslawler Bahnhof in Moskau – dem Startpunkt der Transsib.

GANZ OBEN *Die vielen Baikalzuflüsse erforderten aufwendige Brückenkonstruktionen.*
OBEN *Waggonschaffnerinnen – hilfreiche Reisebegleiterinnen*
RECHTS *Der Sonderzug »Trans Sibirien Express« weist per Aufschrift auf seinen Komfort hin.*

Tiefsttemperatur kälteste Punkt der Erde ist das ostsibirische Dörfchen Ojmjakon.

So unvorstellbare Größenordnungen dieses Land besitzt, so unergründlich und eigenwillig ist es auch. In einem Gedicht des Dichters und Diplomaten Fjodor Tjuttschew (1803–1873) heißt es: »Russland lässt sich nicht mit dem Verstand begreifen, nicht mit dem üblichen Maß messen, es hat eine besondere Gestalt, an Russland kann man nur glauben.« Der Besucher wird immer wieder Überraschungen erleben, vergessen müssen, was er über den Staat und seine Bewohner gelesen hat, seine Ansichten stets aufs Neue überdenken müssen. Es ist ein Land voller Widersprüche, in dem Fortschritt und Rückständigkeit, bitterste Armut und unermesslicher Reichtum, wissenschaftsgläubiger Atheismus und tiefste Religiosität neben- und miteinander existieren können.

Was die Transsibtouristen so magisch anzieht, ist in erster Linie das geheimnisvolle Sibirien, sagenumwoben und von Gerüchten zerrissen, Land des Schreckens und der Verheißungen. Sammelstation für Verbannte, Zivili-

sationsverweigerer oder doch eher Anziehungspunkt für Freidenker? Lebt hier überhaupt jemand freiwillig oder sind die Sibirjaken nur die abwanderungswilligen Nachfahren Zwangsdeportierter?

Im Winter schläft Sibirien nur scheinbar unter der geschlossenen Schneedecke. Man hört in den Medien, die Temperaturen würden in lebensfeindliche Tiefen sinken und immer wieder würden wüste Stürme durch die Waldschneisen toben. Rau und unwirtlich, so denkt man – und hat damit nur zum Teil recht. Gerade im Win-

ter herrscht hier einiges Leben. Für die Bewohner gibt es in den kalten Monaten viel zu tun, wenn sich die tiefgefrorenen Schlammstraßen und Flüsse in gut befahrbare Transportwege verwandeln und das Kontinentalklima für mehr Sonnenschein sorgt, als man Sibirien zutrauen würde. Außerdem hält eine Reihe von Festen die feierfreudigen Sibirjaken bei Laune. Im kurzen, warmen Sommer indes steigern sich die Aktivitäten zu pulsierendem Leben, die Wälder beschenken die Menschen mit ihrem Reichtum an Beeren, Pilzen und Wild, in den Flüssen springen die Fische und die Wiesen bringen Blumen in leuchtenden Farben hervor.

Die Anziehungskräfte Sibiriens entfalteten schon vor langer Zeit ihre Wirkung. Kosaken – kampferfahrene Aussteiger, hartgesottene Abenteurer, getrieben von der Gier nach kostbaren Pelzen – hatten ab dem 16. Jahrhundert Schritt für Schritt den »achten Kontinent« für das russische Zarenreich erobert. Sie unterwarfen die einheimischen Völker mit brutaler Gewalt und ließen sich von ihnen Tribut zahlen. Erste Siedler rückten nach, Pelztierjäger, Glückssucher und Bauern trafen ein sowie Legionen von Verbannten und zu Zwangsarbeit Verurteilten, die sich nach Ablauf ihrer

Fortsetzung S. 22

OBEN *Ein Sonderzug wird häufiger gereinigt als die Züge im Linienverkehr.*

LINKS *Architektonische Pracht unter der Kuppel des Omsker Bahnhofs.*

KAMPF GEGEN SÜMPFE UND DAUERFROSTBÖDEN

ZUR GESCHICHTE DER TRANSSIB

»Die Sibirische Poststraße ist die längste und, wie mir scheint, auch die hässlichste Straße auf der ganzen Welt.« Anton Tschechow, 1890

Diese zwischen 1760 und 1780 gezogene, zerfurchte Schneise durch Wälder und Sümpfe bildete noch im 19. Jahrhundert die einzige West-Ost-Verbindung durch Sibirien. Sie wurde je nach Blickrichtung Moskauer oder Sibirischer Trakt genannt – dem altrussischen Wort für Straße – *trakt* – gemäß. Im Sommer versanken die Kutschen im Schlamm und im Winter die Schlitten im Schnee. Doch schon ein gutes Jahrhundert nach seiner Erschaffung konnte der einfache, aber durchgehende Weg die Menschen- und Warenströme kaum mehr bewältigen. Be-

reits 1886 hatte Zar Alexander III. (1845–1894) notiert: »Es ist Zeit, höchste Zeit!«, und meinte damit den Bau einer Eisenbahnlinie, die vom Ural bis zum Pazifischen Ozean reichen sollte. Das Zarenreich brauchte diese strategische Verbindung vor allem, um Sibirien im Angriffsfall gut verteidigen zu können – denn alle Welt wusste von den schlafenden Reichtümern im Boden des weiten russischen Ostens. Und England, Japan und die USA streckten bereits ihre Finger danach aus. Sibirien musste besser ins Reich eingebunden und der Zugang zu den wertvollen Rohstoffen erleichtert werden.

1891 schrieb Alexander III. einen Brief an seinen gerade auf Weltreise befindlichen Sohn,

Zarewitsch Nikolaj II. (1868–1918), und unterrichtete ihn von seinem Erlass zum Bau der Sibirienbahn. Weiterhin schrieb er: »Darüber hinaus beauftrage ich Euch, in Wladiwostok den ersten

3

4

Stein für den Ussurij-Abschnitt der Großen Sibirischen Eisenbahn zu setzen, deren Bau auf Kosten des Staates und unter unmittelbarer Aufsicht der Regierung erfolgt.« Am 12. Mai selbigen Jahres verlas der Thronfolger das Schreiben seines Vaters in der Stadt am Japanischen Meer und am 19. Mai kippte er symbolisch eine Schubkarre, die er zuvor eigenhändig mit Sand gefüllt hatte, am künftigen Bahndamm von Wladiwostok aus.

Nach seiner Rückkehr ernannte das neu geschaffene Komitee der der Großen Sibirischen Eisenbahn Nikolaj II. zu seinem Vorsitzenden; die Fäden des Projekts zog jedoch der als intelligent und ehrgeizig geltende Finanzminister Sergej Witte (1849–1915). Dieser veranschlagte den Bau in sechs Teilstücken und noch im Jahr 1891 begannen die ersten Arbeiten am fernöstlichen Fluss Ussurij sowie zeitgleich am westsibirischen Abschnitt. Zwei Jahre später wurden die ersten Schwellen für den mittelsibirischen Teil vom östlichen Ufer des Ob in Richtung Baikal verlegt. Für die zweite Bauphase ab Mitte der 1890er Jahre waren Transbaikalien und die nördliche Ussurijstrecke vorgesehen;

die schwierigsten Abschnitte am Baikal und entlang des Flusses Amur bis Chabarowsk sollten zuletzt gebaut werden. Hier würden Dampfschiffverbindungen anfänglich die Gleise ersetzen können. Bis zu 600 Schienenkilometer verlegten die Bahnarbeiter pro Jahr und zeitweise arbeiteten über 100 000 Menschen gleichzeitig an verschiedenen Einsatzorten.

Keine Region machte es den Ingenieuren und Arbeitern leicht: In der Westsibirischen Tiefebene bereiteten die Sümpfe und der Mangel an Bauholz Schwierigkeiten, im Mittelsibirischen Bergland mühten sich die Arbeiter durch die dichte Taiga; in Transbaikalien ließ sich der har-

1 *1899 stellte man die Brücke über den Jenissej fertig. 1900 wurde diese Leistung mit einer Goldmedaille auf der Pariser Weltausstellung ausgezeichnet.* **2, 3 und 4** *Harte Knochenarbeit für kargen Lohn: Gruppenfotos dokumentieren dennoch den Stolz der Beteiligten.*

1

2

Frühjahrshochwasser und Sümpfe ein feuchtes Klima begünstigten, grassierten Infektionskrankheiten. Das größte Kopfzerbrechen verursachte den Ingenieuren jedoch das Amurgebiet mit seinen Dauerfrostböden, den über 1000 Meter hohen Gebirgen und regelmäßigen Überschwemmungen.

Glücklicherweise ergab sich für diesen Abschnitt 1896 eine willkommene Ausweichmöglichkeit: Ein Freundschafts- und Militärpakt mit China verlieh Russland das Fahrrecht durch die Mandschurei. Für 80 Jahre pachtete Russland einen 25 Kilometer breiten Korridor durch Nordchina und erbaute dort die Ostchinesische Eisenbahn. Im Gegensatz zur Amurlinie war diese Verbindungsvariante nach Wladiwostok wesentlich kürzer und einfacher zu realisieren. Zusätzlich bot es sich an, eine Stichstrecke in Richtung Süden zur Halbinsel Liaotung zu schaffen, um die Strecke an die ganzjährig eisfreien Pazifikhäfen von Dalnyj und Port Arthur anzubinden.

Als 1900 erstmalig eine Sibiriendurchquerung nach festem Fahrplan möglich wurde, befand sich der Abschnitt durch die Mandschurei noch im Bau; man wickelte den Verkehr zunächst per Schiff über den Amur ab. Ebenso wa-

te Boden nur mit Dynamit aufbrechen und im Sommer 1897 prasselten hier sintflutartige Regenfälle nieder. Bereits fertiggestellte Dämme, Siedlungen und sämtliche Brücken fielen in diesem Jahr den Wassermassen zum Opfer. Drei Jahre dauerte die Beseitigung der Schäden. Im Fernen Osten, am Ussurij, wo dichte Urwälder,

sam nach Norden vorarbeiteten. Doch für eine strategische Veränderung der Lage war es zu spät – Russland hatte den Krieg um die Vormachtstellung im pazifischen Raum verloren. Immerhin gelang es Witte bei den Friedensverhandlungen im folgenden Jahr, die Verbindung nach Wladiwostok für Russland zu retten.

Von nun an war Russland die Situation in China zu instabil und es schien möglich, dass Japan die gesamte Mandschurei annektieren würde. Man entschloss sich, die alten Pläne der Amurbahn wieder aus der Schublade hervorzuziehen und begann 1908 mit deren Umsetzung. Nach acht Jahren Bauzeit, im Oktober 1916, war es so weit: Mit der Übergabe von Russlands längster Brücke über den Amur bei Chabarowsk fuhren die ersten Züge durchgängig auf russischem Boden von St. Petersburg beziehungsweise Moskau nach Wladiwostok.

ren am Baikalsee zwei eisbrechende Fähren im Einsatz. Im selben Jahr konnten zur Weltausstellung in Paris die Besucher des russischen Pavillons in einem im Empirestil eingerichteten Modellzug speisen, während vor den Fenstern von Theatermalern geschaffene Bilder sibirischer Landschaften vorbeirollten.

Die Inbetriebnahme der Ostchinesischen Eisenbahn erfolgte 1903. Als krönender Abschluss der Bauarbeiten an der Transsib wurde ein Jahr darauf das kürzeste und dennoch kompliziertes wie auch teuerste Teilstück am Baikal, die »Goldene Schnalle des russischen Stahlgürtels«, für den Zugverkehr geöffnet. Damit konnten russische Regimenter schnell nach China verlegt werden, wo japanische Truppen bereits Port Arthur eingenommen hatten und sich unaufhalt-

1 *An der westlichen Baikalbahn, dem gefährlichsten Abschnitt der Transsib, häufen sich die Unfälle.*
2 *Der Abschlussjahrgang 1939 der Eisenbahnerschule Sljudjanka.*
3 *Tiefer Schlamm im Sommer und Schnee im Winter erschwerten jegliche Transporte.*
4 *Massenverpflegung der Arbeiterfamilien.*
5 *Stationsgebäude von Silinche.*
6 *Bauarbeiten am Ufer der Angara. Im Hintergrund Irkutsk.*

Oben *Ein Schwätz-chen auf dem Bahn-steig ist im Winter nur mit warmer Klei-dung ein Vergnügen.*

Rechts *Vom kuschelig warmen Abteil aus hat man herrliche Blicke in winterlich weiße Weiten.*

Strafe hier eine neue Existenz aufbauen. Gegen Ende des 17. Jahrhunderts wandelten sich die Interessen des russischen Staates an seinem riesigen Hinterland. Von nun an waren Bodenschätze aller Art gefragt. Der Gold-rausch brach aus, man gründete Bergwerke, Eisenhüt-ten und Fabriken, um die Städte entstanden. Freilich ist Sibirien als Ganzes bis heute äußerst dünn besiedelt, der Großteil der Sibirjaken lebt entlang der Hauptschlag-

ader des Landes, der Transsibirischen Eisenbahn. Ent-lang des »stählernen Gürtels« reihen sich die großen Metropolen, immer auf Abstand zueinander bedacht: Jekaterinburg am Ural; Omsk und Nowosibirsk im west-lichen Sibirien, Krasnojarsk am Jenissej; Irkutsk und Ulan-Ude am Baikal, Tschita in Transbaikalien und letzt-lich im Fernen Osten Chabarowsk und Wladiwostok.

Kaum jemand wird einfach nur mit der Bahn von Moskau ans Japanische Meer durchfahren wollen. Es empfiehlt sich, einigen dieser faszinierenden Städte einen mehr oder weniger ausgedehnten Besuch abzu-statten. In der Jekaterinburger Blutskirche empfindet man einen sanften Schauer, wenn der ermordeten Za-renfamilie gedacht wird. In Irkutsk gibt es die filigranen Holzschnitzereien an den alten Holzvillen zu bewun-dern, in Ulan-Ude schmunzelt man über den riesigen, skurrilen Leninkopf. Chabarowsk lädt abends am Amur zum Tanz und der Stadtstrand von Wladiwostok zum Baden im Pazifik. Im europäischen Teil Russlands locken

GANZ OBEN LINKS
Dorfbewohner wärmen sich beim Freischaufeln der Wege.

GANZ OBEN RECHTS
Seit 2002 ist die komplette Strecke der Transsib elektrifiziert und mit E-Loks befahrbar.

OBEN *Die Eiszapfen an den Waggons bilden sich immer wieder neu.*

LINKS *Holz wird gern im Winter geschlagen, wenn die schlammigen Böden der Taiga gefroren sind.*

AUF DER SUCHE NACH DER ZEIT

Am Baikalsee ist man der Moskauer Zeit um ganze fünf und in Wladiwostok sogar um sieben Stunden voraus. Würde die Russische Eisenbahn diese Zeitunterschiede in ihren Fahrplänen berücksichtigen, wäre das Chaos kaum zu vermeiden. So entschieden sich die Planer von vornherein dafür, auf allen Bahnhöfen und in den Zügen grundsätzlich Moskau-Zeit gelten zu lassen. Über Hunderte und Tausende von Kilometern, während derer dem Fahrgast Stunde um Stunde gestohlen wird oder er sie aber geschenkt bekommt, geraten Schlaf- und Essensrhythmen ganz schön durcheinander. So schlägt man möglicherweise sein Frühstücksei auf, während es draußen noch dunkel ist, und isst die mittägliche Borschtschsuppe während eines Sonnenuntergangs. Und etwas rein Praktisches: Wer zum Beispiel dem Fahrplan entsprechend am frühen Abend in Wladiwostok eintreffen soll, wird tatsächlich so spät aus dem Zug steigen, dass er im Voraus buchen muss, um den Rest der Nacht im warmen Hotelzimmer genießen zu können.

die zauberhaften altrussischen Städte des Goldenen Rings nordöstlich von Moskau mit glänzenden Zwiebelkuppeln. Und auch Nischnij Nowgorod und die Tatarenhauptstadt Kasan lohnen einen Ausflug.

Viele Touristen entscheiden sich gegen die Befahrung der vollständigen Originalstrecke der Transsib zugunsten einer etwas kürzere Variante. Sie verlassen am Baikalsee die Hauptroute in Richtung Süden und reisen über die Mongolei bis in die chinesische Hauptstadt Peking. Von Moskau aus sind das zwar auch stolze 7865 Streckenkilometer, aber man bekommt dafür auf einer einzigen Reise eine atemberaubende Themenbreite geboten, ein architektonisches Panorama, das vom Zwiebeltürmchen über die mongolische Jurte bis zur Pago-

de reicht und eine kulinarische Bandbreite von der Borschtschsuppe über vergorene Stutenmilch bis zum gegrillten Skorpion.

Auf welche Weise man die Transsibirische Eisenbahn erfahren möchte, ist eine Frage der persönlichen Möglichkeiten und Einstellungen. Wer es authentisch liebt und es gleichzeitig preisgünstig haben möchte, der lernt ein bisschen Russisch, nimmt sich mehrere Wochen Zeit und organisiert seine Reise selbst. Er reiht sich in die langen Schlangen vor den Fahrkartenschal-

LINKS *Der »Zarengold« auf der Strecke der alten Baikalbahn.*

GANZ OBEN *Auch auf der neuen Baikalbahn geht die Fahrt über Stunden direkt am Südufer entlang.*

OBEN *Dort, wo die Polowinnaja in den Baikal mündet, befindet sich eine der schönsten Badebuchten.*

tern eines Moskauer Bahnhofs ein und bestellt *plazkart*, wuchtet sodann sein Gepäck in eines der türenlosen Abteile und macht es sich auf seiner schmalen Liege so bequem wie unter diesen Umständen möglich. Doppelstöckig sind die Pritschen angeordnet und sie stehen sogar auf dem Gang. Neugierig beäugt man Ausländer aus allen Ecken, alte Herren spähen hinter ihren Spielkarten hervor, Frauen blicken vom Strickzeug auf, Mädchen lugen über ihre Comics. Lange hält sie nicht an, die anfängliche Scheu, und schnell kommt man ins Gespräch, wird ausgefragt und zu Wodka und Piroggen eingeladen. Die Atmosphäre ist wunderbar familiär.

Und auch die klassische Angst der Touristen vor Schmutz ist sogar im *plazkart*-Wagen unbegründet. Im Inneren eines jeden Waggons, gleich welcher Klasse, sorgen die zwei Schaffner (der *prowodnik* oder die *prowodniza*) emsig für Sauberkeit, saugen täglich die Teppiche, wischen Tische und Böden und putzen die Toilettenräume an den Waggonenden. Außerdem postieren sie sich bei jedem Halt an der geöffneten Zugtür und verlangen von neu dazukommenden Fahrgästen Einsicht in Pass und Fahrkarte. Kein Langfinger mit der Absicht, in kürzester Zeit den Wagen zu durchstreifen

GANZ OBEN *Trotz Bahnanschluss bleiben für die Bewohner der Gobi Kamele unentbehrlich.*

OBEN *Ein mongolischer Lokführer im Führerstand seiner Diesellok.*

RECHTS *Auch tagsüber sind die Liegen ausgeklappt.*

und anonym zu verschwinden, kommt an ihrem strengen Auge vorbei.

Für Reisende, die sich mit der Enge arrangieren können und gern Bekanntschaften schließen, ist der *plazkartnyj wagon* das optimale Abenteuer. Für diejenigen jedoch, die auf solchen langen Fahrten ein wenig mehr Abstand und Ruhe benötigen, seien die besseren und teureren Klassen *kupejnyj* oder *spalnyj wagon* empfohlen. Ein *kupe* ist ein geschlossenes Abteil mit vier Schlafplätzen, zwei oben und zwei unten. Die hübschesten Polsterbezüge, die neuesten Gardinen und den meisten Raum bietet der *spalnyj wagon*, auch *ljuks*

genannt. Hier gibt es lediglich zwei Liegen im Abteil, zumeist nebeneinander, seltener, in neueren Ausführungen auch übereinander. Im Großen und Ganzen kann man sich darauf verlassen, hier eine angenehme Mischung aus Ruhe und netten Kontakten vorzufinden. Das heißt jedoch keineswegs, dass eine Einladung zum Wodka unwahrscheinlich wäre. Wer ein, zwei Gläschen von dem sogenannten »Wässerchen« verträgt, sollte das Angebot auf keinen Fall ausschlagen und im Brustton der Überzeugung auf die Völkerfreundschaft anstoßen. (Wobei Frauen sich den Rückzug eher erlauben dürfen.) Ein Russe schenkt nämlich sein Vertrauen und seine Zuneigung am ehesten demjenigen, mit dem er ein paar Gläser leeren kann.

Zusätzlich zu den Wagenklassen werden Qualitätsstufen bei den Zügen unterschieden. Dabei gilt im Allgemeinen: je niedriger die Zugnummer, desto komfortabler und moderner der Zug. Am nobelsten sind die sogenannten *firmennye pojesda* (Firmenzüge), sie fahren schnell und sind geschmackvoll eingerichtet. Zu

dieser Kategorie gehört der Stolz Russlands: der Zug Nummer eins (Fahrtrichtung Ost–West) beziehungsweise zwei (Fahrtrichtung West–Ost) – der Rossija. In einem Anflug von Nationalstolz wurde er in den Landesfarben lackiert: weiß, blau und rot. Durchgehend befährt er die gesamte Strecke der Transsib zwischen Moskau und Wladiwostok. Eine weitere, immer noch akzeptable Kategorie stellen die Schnellzüge dar, das Schlusslicht bilden die Personenzüge mit Nummern von 176 bis über 300. Für diese werden die ältesten Waggons zusammengestellt, sie führen die größte Anzahl von plazkart-Wagen mit sich und legen die meisten Stopps ein. Aber

OBEN *Stetig wehende Winde fegen den Wüstensand über Gleise und Bahnsteige der winzigen Stationen in der Gobi.*

LINKS *Die Stationsvorsteherin signalisiert: Alles bereit für die Abfahrt!*

OBEN *Obstverkauf in einem chinesischen Regionalzug.*

OBEN RECHTS *Stärke und Schönheit: eine Militärparade vor dem Kaiserpalast in Peking.*

RECHTS *Nebel hängt in den Höhenzügen des Taihanggebirges eine gute Stunde Bahnfahrt vor Peking.*

RECHTE SEITE OBEN *Der Amurbodden, Ausläufer des Japanischen Meeres, kündet Wladiwostok an.*

RECHTE SEITE UNTEN *Angekommen am Endpunkt der Transsib, dem 9288 Kilometer von Moskau entfernten Wladiwostok.*

auch Personenzüge halten nicht in jedem Dorf, das über einen Bahnsteig verfügt. Wer ein so kleines Ziel anstrebt, muss in einer nahen Stadt aus- und auf eine *Elektritschka*, den Vorortzug, umsteigen.

Viele Touristen haben keine Zeit für die langwierigen, aber notwendigen Vorbereitungen. Verständlicherweise fühlen sie sich unsicher ohne Sprachkenntnisse und vertrauen sich lieber der Obhut einer erfahrenen Reiseleitung an. So gibt es die Möglichkeiten, in der größeren Gruppe bewährten Reiserouten zu folgen oder mit weniger Teilnehmern den Reiseverlauf individuell zu planen. Außerdem bietet sich noch eine ganz besonders luxuriöse Weise an, Russland mit der Bahn zu erkunden: der Sonderzug. Ausschließlich Touristen sind mit ihm unterwegs, für die ein Programm aus dem Besten, das Russland zu bieten hat, zusammengestellt wurde.

Für welche Reiseform man sich auch immer entscheidet, es wird mit Sicherheit ein unvergessliches Erlebnis. Ob durch sommerliches Grün oder winterliche Schneestürme, ob dicht gedrängt im *plazkartnyj*-Wagen oder bequem im Luxusabteil eines Sonderzugs: Das Geheimnis Sibiriens wird sich in die Seele eines jeden

Bahnreisenden einbrennen und ihn mit sehnsüchtigem Erinnern berauschen. Dafür sorgt allein die »Entdeckung der Langsamkeit«. Gelegentlich meint man beim Blick aus dem Fenster, der Zug hätte sich in den letzten Stunden keinen Kilometer voranbewegt. Und doch ändert sich die Landschaft im sanften Dahingleiten. Gemächlich folgen die grandiose Panoramen aufeinander: ein halber Tag durchs Uralgebirge, ein Tag durch Westsibiriens Ebenen, drei Tage durch die Taiga Transbaikaliens und des Fernen Ostens. Und man infiziert sich während dieses rhythmischen »Ta-tong, Ta-tong« für immer mit dem Virus Transsibirische Eisenbahn.

ALEXANDER SOLSCHENIZYN

»Sie zogen an dem hohen Bretterver-
schlag rund um das Lagergefängnis,
einen Steinbau, vorüber, am Stacheldraht,
der die Lagerbäckerei vor den Strafgefangenen schützte, und an der Stabsbaracke
vorbei, wo an einem Pfosten, an einen
dicken Draht festgebunden, die völlig mit
Raureif beschlagene Schiene hing; vorbei
an einem weiteren Pfosten, an dem, geschützt, damit es nicht zu niedrig anzeigt,
das völlig mit Reif bedeckte Thermometer
hing. Schuchow schielte hoffnungsvoll
auf das milchigweiße Röhrchen: Würde es
41 Grad anzeigen, dürfte man sie nicht
zur Arbeit hinausjagen.«

Ein Tag im Leben des Iwan Denissowitsch

*Auf dem Gelände des ehemaligen
Gefangenenlagers Perm 36.*

STRASSE DER TRÄNEN
ZWANGSARBEIT AN DER TRANSSIB

Man spricht nicht gern darüber. Man weiß nichts Genaues, aber eigentlich kennt die Geschichte jeder in Russland: Am Bau der Transsibirischen Eisenbahn waren nicht nur freiwillige Arbeitskräfte beteiligt. Ohne den Einsatz von Zwangsarbeitern, deren Arbeitskraft nichts wert war, deren Leben nicht geschont werden musste, hätte ein Projekt von solch gewaltigen Ausmaßen nicht in dieser Schnelligkeit realisiert werden können. Den Zwangsarbeitern, die zwischen dem Fluss Ob und der Stadt Irkutsk im Mittelsibirischen Bergland schufteten, erließ man vier Monate pro Strafjahr, sofern sie die grausamen Bedingungen überlebten. Zudem setzte man Gefangene an der Baikalbahn sowie an der Transbaikalstrecke ein. An der Ussurijbahn arbeiteten Häftlinge von der fernöstlichen Insel Sachalin, die seit dem 19. Jahrhundert als Strafkolonie diente und deren menschenunwürdige Zustände Anton Tschechow (1860–1904) nach einem dreimonatigen Aufenthalt in seiner Dokumentation »Die Insel Sachalin« festhielt.

Verbannung (sylka) und Zwangsarbeit (katorga) haben eine unselige und lange Tradition in Sibirien. Bereits 1649 wurde sie im Strafgesetzbuch des russischen Zarenreichs verankert.

So waren es Sträflinge, gewöhnliche Verbrecher wie auch politische Abweichler, die ab 1760 den Sibirischen Trakt bauten, eine unbefestigte Straße, die quer durch ganz Sibirien führte. Ein perfides Spiel, denn diese erleichterte wiederum den Gefangenentransport und ließ die Zwangsverschickung zu einer Form von Siedlungspolitik aufsteigen. Hunderttausende Mörder, Diebe, Aufständische und Kriegsgefangene wurden in Ketten aneinandergeschmiedet und traten sodann den monatelangen, qualvollen Fußmarsch zu ihrem Verbannungsort an – durch Staub und Hitze oder eisige Kälte, ohne geregelte Verpflegung. Wie viele von ihnen unterwegs starben, hat niemand je gezählt.

1862 wurden jene Gräuel hinter dem Ural erstmals in literarischer Form publiziert. Fjodor Dostojewskij (1821–1881) verarbeitete in den »Aufzeichnungen aus einem Totenhaus« die entsetzlichen Erfahrungen seiner Haft in Omsk. Er berichtet von kahl geschorenen Köpfen, bestialischem Spießrutenlaufen und von schweren Arbeiten mit zusammengeketteten, wunden Füßen. Der erste Autor, der den Mut aufbrachte, das spätere Kapitel des sowjetischen Lagersystems in seinen Büchern zu kritisieren, war Alexander Solschenizyn (1918–2008). Sein bekanntestes, mehrbändiges Werk ist »Der Archipel GULag«. Der Name Iosif Stalin (1879–1953) steht für die größtmöglichen Exzesse dieser

Bau einer zweiten Bahnverbindung vom Baikal zum Pazifik, die Baikal-Amur-Magistrale, beschloss, sah man zunächst die Beteiligung freier Arbeiter vor. Als jedoch bis September erst die Hälfte der nötigen Kräfte rekrutiert war, richtete man kurzerhand das BAMLag ein, eine Unterabteilung des GULag mit Verwaltungssitz in der Stadt Swobodnyj. Welch ein Hohn: *swoboda* bedeutet Freiheit.

Nach dem Zweiten Weltkrieg sorgten Kriegsgefangene für den Nachschub an Arbeitskräften. Die Inhaftierten, beständig vom Tod durch Hunger, Kälte und Erschöpfung bedroht, konnten nur wenige Teilabschnitte fertigstellen. Nach Stalins Tod 1953 brach man das Projekt schließlich ab. Auch wenn unter Chruschtschow eine »Besserung« der Verhältnisse eintrat, blieb die Zwangsarbeit bis zum Untergang der Sowjetunion 1991 bestehen.

Mit dem Anbruch der postkommunistischen Zeit ließen die Verantwortlichen die meisten Lager sorgfältig zerstören und alle Spuren

grausigen Tradition. Der Begriff GULag, eine Abkürzung für *Glawnoe Uprawlenie Lagerej*, die Hauptverwaltung der Lager, steht für ein brutales System von Tausenden, über das ganze Land verteilten Arbeitslagern. Millionen Andersdenkender fielen hier Stalins größenwahnsinniger Politik zum Opfer. Als man im April 1932 den

beseitigen. Einzig nordöstlich von Perm im Ural befindet sich ein zu einem Museum umgebautes Straflager: Perm 36. Es gilt als das schrecklichste Beispiel des GULag überhaupt, denn hier saßen die »gefährlichsten« Regimekritiker ein, wie Sergej Kowalew, ein Kämpfer für Persönlichkeitsrechte, oder der Lyriker Wasil Stus. Die eisige, dunkle Strafbaracke, die rohen Bretter der schmalen Pritschen im Schlafsaal und die Ketten an den Wänden lassen den Besucher schaudern ob einer Welt von unwirklicher Grausamkeit, die einst bittere Realität war.

1 In den 1930er Jahren setzte Stalin Zwangsarbeiter beim Bau der BAM ein. **2** Zelle für Neuankömmlinge im Gefangenenlager Perm 36 – heute ein Museum. **3** Die Ankunft im Lager – nachgestellte Szene im GULag-Museum Moskau. **4** Bereits der Eingang zum GULag-Museum wirkt bedrückend. **5** Museumsführung in NKWD-Uniform. **6** Eine Ausstellung zeigt, wie Künstler ihre Lagererfahrung verarbeiteten.

AUF DEM WEG NACH ASIEN

VON MOSKAU ZUM URAL

OBEN Kuppeln der Mariä-Verkündigungs-Kathedrale im Moskauer Kreml.

RECHTE SEITE OBEN Die Mariä-Himmelfahrts-Kathedrale, die größte Kirche auf dem Kremlgelände, war einst die Krönungskirche der Zaren (links).

Auf der Patriarchenbrücke (Mitte).

Abfahrt in Richtung Sibirien vom Kasaner Bahnhof in Moskau (rechts).

RECHTS Bis spät in die Nacht sind die Ausflugsschiffe auf der Moskwa unterwegs.

Glanzvoll und brodelnd – Moskau. Die Hauptstadt Russlands, mit ihren etwa elf Millionen Einwohnern größte Metropole Europas, zieht jeden in ihren Bann. Mitten durch das hektische Getümmel schlängelt sich gemächlich die Moskwa von Norden nach Südosten. Majestätisch wirken die offenen, weiten Plätze und die breiten Magistralen. Auffallend viele Grünflächen nehmen etwa ein Drittel der Stadtfläche ein und sorgen für erholsame Weitläufigkeit, für Momente des Aufatmens. Zugleich ist es aber eben diese Offenheit, die im Zusammenspiel mit den Monumentalbauten und den gewaltigen Verkehrsströmen auf bis zu zehnspurigen Straßen die Stadt völlig überdimensioniert erscheinen lässt. Zudem wächst und boomt Moskau. Wie die Jahresringe eines Baumes markieren sechs Ringe die bereits überwundenen Stadtgrenzen: Die Kremlmauer stellt den ersten Ring dar, die Ringautobahn, die Moskau umschließt, den bislang letzten.

Das Leben in der Hauptstadt ist unglaublich teuer und vor allem preiswerte Wohnungen werden immer knapper; dafür schießen Edelquartiere, Business- und Shoppingcenter überall wie Pilze aus dem Boden. Zu den beeindruckendsten der zahlreichen Neubauten gehören der Triumphpalast, ein 264 Meter hohes Wohnhaus, und das Businesszentrum »Moskwa City« mit seinen mehrere hundert Meter hohen Wolkenkratzern aus Glas und Stahl. Das Kaufhaus GUM am Roten Platz – zu kommunistischen Zeiten das Einkaufsparadies für jedermann – lockt heute mit seinen schicken Edelgalerien nur noch die Wohlhabenden. Unweit davon, am Manegenplatz, befindet sich die neue unterirdische Passage Ochotnyj Rjad – drei glitzernde Stockwerke voller Schmuck, Designerkleidern und edlem Schuhwerk. Im Delikatessengeschäft »Jelissejew« in der Twerskaja Uliza, unter den hohen Jugendstildecken, füllen unter anderem Kaviarschalen die Auslagen – für 500 Gramm kann man einige 10 000 Rubel ausgeben, umgerechnet bis etwa 1000 Euro. Für die mittlerweile recht beträchtliche Anzahl in Moskau lebender Millionäre und Milliardäre, den Gewinnern des wilden Kapitalismus der 1990er Jahre, sind solche Preise nur *melotsch*, Peanuts. Für weiteres Kleingeld errichten sie im Westen der Stadt ihre Villen, die wie Märchenschlösser anmuten. Abends dann lassen sich die Reichen und Schönen in ihren schwarz glänzenden Luxuslimousinen zur unweit ihrer Wohnstatt gelegenen

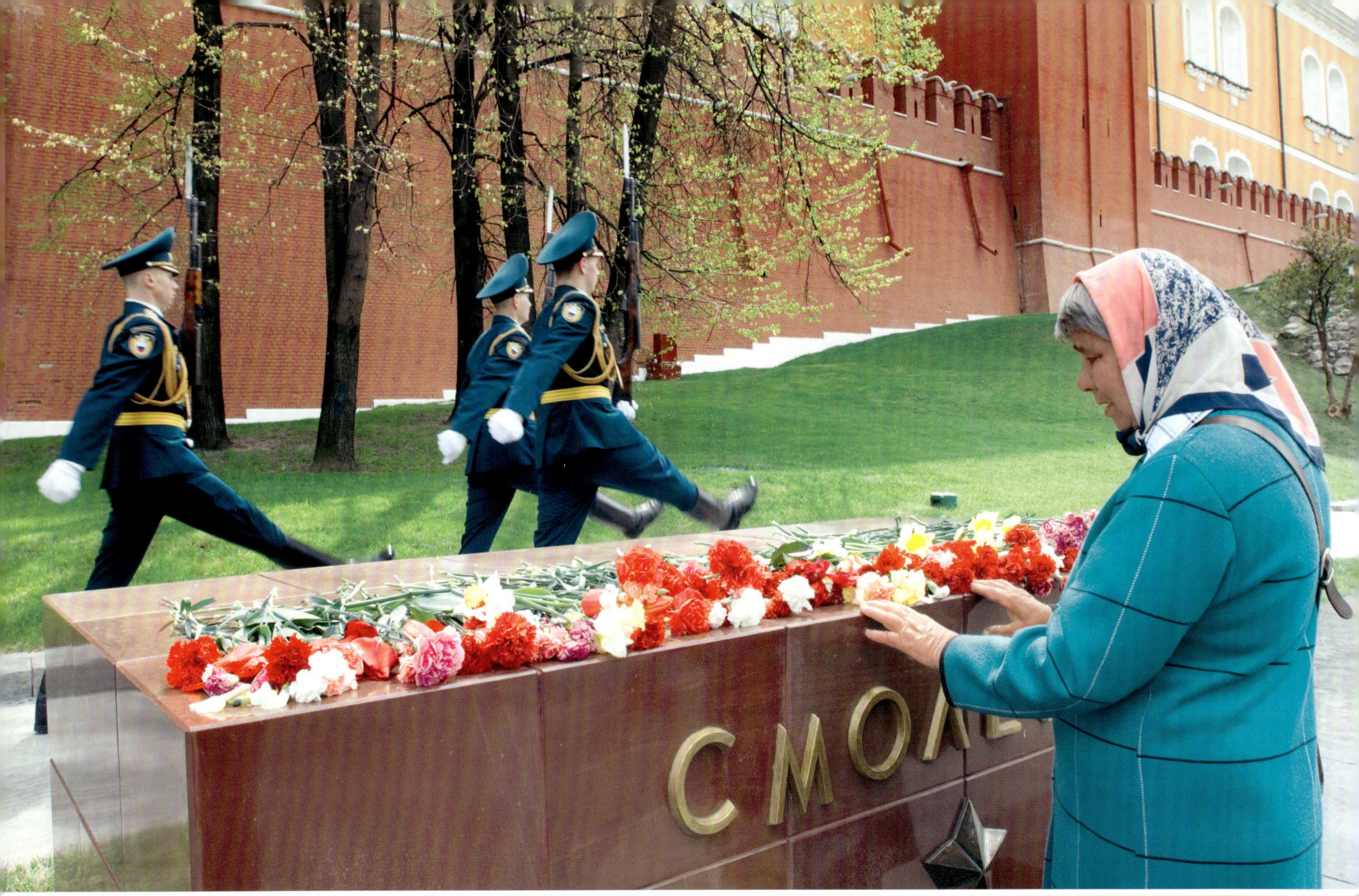
СМОЛ

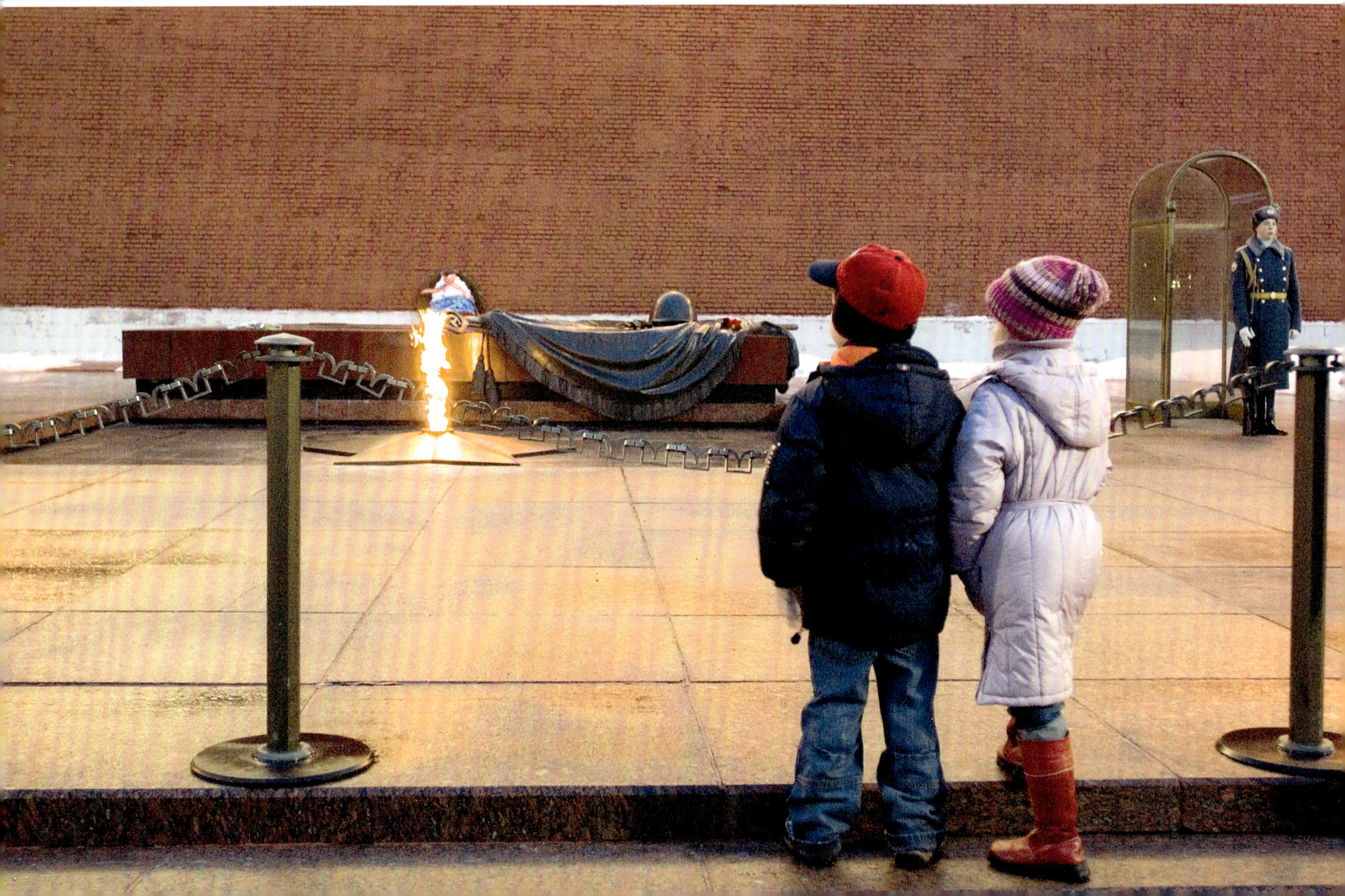

hängen dicht an dicht mannshohe Granittafeln, auf denen man die Namen der Sponsoren in Goldbuchstaben lesen kann.

Die Moskwitschi, wie sich die Hauptstädter nennen, haben in den letzten Jahren trotz allem zu einem recht entspannten Gemüt zurückgefunden. Etwa seit der Jahrtausendwende geht es nach einer schweren wirtschaftlichen Krise wieder bergauf, denn das Geld Russlands fließt seitdem – zulasten der Provinzen – nach Moskau. Der amerikanische Ökonom Marshall Goldman bemerkte: »Eine Hauptstadt zieht normalerweise das ganze Land mit. Aber Moskau scheint keine Lokomotive zu sein, sondern ein Staubsauger.«

Insgesamt gesehen hat sich der Lebensstandard der Moskwitschi in den letzten Jahren sehr verbessert. Es bildete sich sogar wieder eine Mittelschicht heraus, zu der ungefähr 40 Prozent der Einwohner gezählt werden. Die Arbeitslosenzahlen sind vergleichsweise niedrig. Doch sind leider nicht alle am Aufschwung beteiligt und vor allem die Rentner sind offensichtlich die Verlierer. Um ihre kärgliche Rente aufzubessern, verkaufen

Rubljowskoje Schosse fahren, wo sie sich in teuren Klubs, feinsten Restaurants und Edelhotels verlustieren. Aus Angst, sie könnten ihr Vermögen wieder verlieren, betreiben die Wohlhabenden intensive Imagepflege: Sie spenden beispielsweise Geld für gute Zwecke oder sponsern diverse Projekte. So wurde am Ufer der Moskwa die gigantische Erlöserkathedrale, die Stalin 1931 hat sprengen lassen, mal eben für eine halbe Milliarde Dollar wieder aufgebaut. In der Unterkirche

Oben links und Mitte Am 9. Mai, dem Tag des Sieges über Hitlerdeutschland, werden alljährlich die Kriegsveteranen geehrt.

Links Im Siegespark feiern Jugendliche den 9. Mai auf ihre Art.

Oben rechts Die Kirche der Heiligen auf den Kulisken im Stadtteil Kitaj Gorod.

Linke Seite oben Wachablösung im Alexandergarten an der Kremlmauer.

Linke Seite unten Vor dem Grabmal des unbekannten Soldaten erinnert die ewige Flamme an die Gefallenen des Zweiten Weltkriegs.

Unterirdische Paläste: Die Kiewskaja ist nur eine der großartig geschmückten Metrostationen, die seit den 1930er Jahren in Moskau errichtet wurden (ganz oben und rechts).

sie Blumen, selbst gepflückte Beeren und handgestrickte Socken oder betteln vor den Kirchenpforten.

Klasse statt Masse – das haben sich die Tourismusexperten der Stadt auf die Fahnen geschrieben. Man riss beispielsweise das Hotel Rossija hinter dem Roten Platz, eine Bettenburg mittleren Standards, ab und ersetzt es nun durch mehrere kleinere und noblere Hotelkomplexe. Moskau heute setzt auf gut betuchte Besucher.

Für Kulturliebhaber gibt es in der 1147 gegründeten Stadt viel zu entdecken und gerade der Rote Platz ist ein Muss für jeden Besucher. Seine altrussische Bezeichnung Krasnaja Ploschtschad bedeutete eigentlich »Schöner Platz«. Erst durch den Bedeutungswandel des Wortes *krasnyj* wurde er zum Roten Platz und tatsächlich unterstreichen die Kremlmauer, der tiefrote Granit des Leninmausoleums und die weinrote Fassade des Historischen Museums seinen heutigen Namen.

Ein märchenhafter Zauber geht von den Bauwerken aus und manche von ihnen wirken, als hätten die Archi-

der geistliche und weltliche Mittelpunkt des russischen Reichs. 1156 wurde der erste Kreml in seiner ursprünglichen Funktion als eine hölzerne Wehranlage errichtet, brannte später mehrfach ab und wurde immer wieder restauriert, umgebaut und ergänzt. Mehrere, ausgefüllte Tage könnte man zwischen den vielen altrussischen Kirchen wie der Mariä-Himmelfahrts-Kathedrale – der Krönungskirche der Zaren – und den unbezahlbaren Schätzen, dem Gold und den Diamanten der Rüstkammer verbringen. Man bestaunt die riesige Kanone, die nie geschossen hat, sowie die mit 200 Tonnen schwerste und größte Glocke der Welt, die nie geläutet wurde, besichtigt das schneeweiße Ensemble um den Glockenturm und den Großen Kremlpalast.

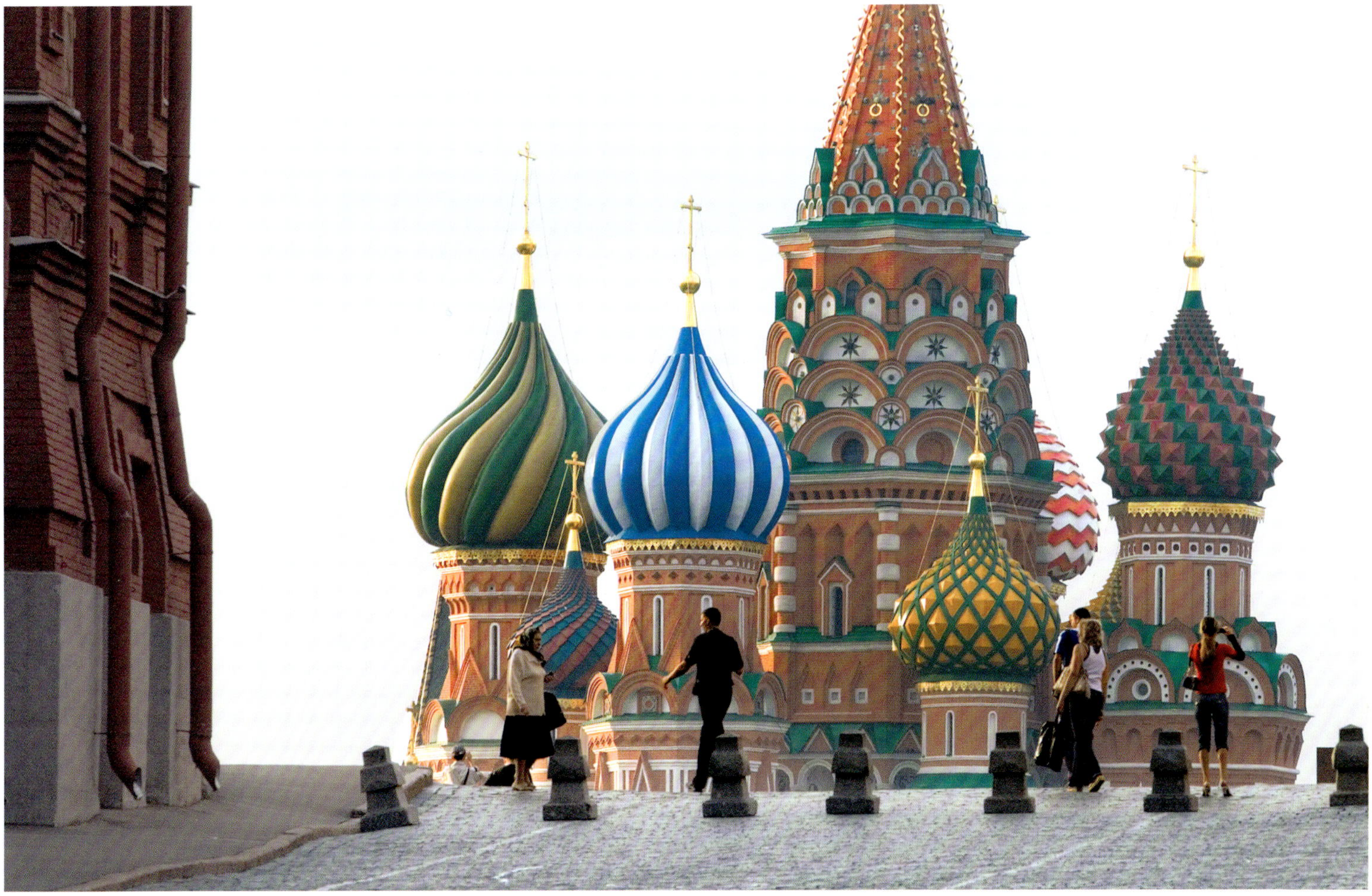

Die Kulturstadt Moskau lockt weiterhin mit insgesamt 147 Theatern, mehr als 80 Museen sowie über 500 orthodoxen Kirchen. Nicht verpassen sollte man die nationalen Künstlerstars wie Iwan Schischkin, Jewgraf Sorokin oder Isaak Lewitan in der alten Tretjakow-Galerie, die Avantgardekünstler des 20. Jahrhunderts wie Kasimir Malewitsch und Wassily Kandinsky in der neuen Tretjakow-Galerie oder den unermesslich wertvollen Trojaschatz im Puschkin-Museum. Ganz gewiss sollte man in die pompösen Hallen der Moskauer Metro eingetreten sein – ihre prachtvollen Stationen, die soge-

GANZ OBEN *Iwan der Schreckliche ließ die Basiliuskathedrale 1555–1560 anlässlich der Eroberung der Tatarenhauptstadt Kasan errichten.*

OBEN *Coffee Bean in der Twerskaja Uliza.*

LINKS *Diese Offiziersanwärter zählen zu den neun Millionen Passagieren, die die Metro täglich nutzen.*

tekten mit Konditoren zusammengearbeitet. Die Zwiebeln der Basiliuskathedrale leuchten in bunten Bonbonfarben, das weiße Dach des Historischen Museums erinnert an Zuckerguss und die Kasaner Kirche an eine Schichttorte. Nachts wiederum strahlen die Gebäude des Roten Platzes wie Prunkstücke einer Juwelierauslage und die Sterne auf den Wehrtürmen der Kremlmauer glänzen dazu wie blutrote Rubine. Hinter der Mauer lugen die Paläste und goldenen Kirchenkuppeln des Kremls hervor. Hier pulsiert die große russische Seele. Ein altes Sprichwort sagt: »Nichts ist über Moskau als der Kreml und über dem Kreml ist nichts als der Himmel.« Seit Moskaus Aufstieg im 14. Jahrhundert ist er

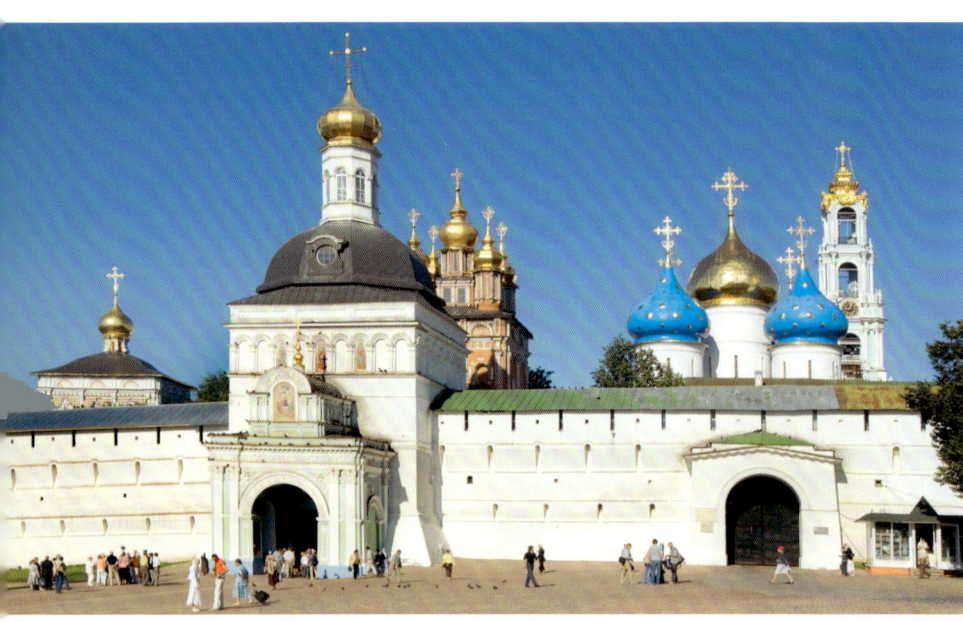

GANZ OBEN *Das Drei-faltigkeitskloster in Sergiew Possad.*

OBEN *Dem Wasser aus der Klosterquelle wer-den heilende Eigen-schaften zugesprochen.*

RECHTS *In das Mos-kauer Neujungfrauen-kloster verbannte Peter der Große 1689 seine Halbschwester Sofija.*

nannten »Paläste für das Volk«, machten die Unter-grundbahn in aller Welt bekannt. Jede Station scheint die anderen übertrumpfen zu wollen, doch keine gleicht der anderen. Während am Metrobahnhof »Kom-somolskaja« der überbordende Stuck beeindruckt, kau-ern in den Pfeilernischen des »Platzes der Revolution« in Bronze gegossene, starke und schöne Sowjetbürger und der Jugendstilbahnhof »Nowoslobodskaja« verbrei-tet mit eleganten, farbigen Glasfenstern gar eine sakra-le Atmosphäre.

Fortsetzung S. 47

TOR ZUM HIMMELREICH

DIE ORTHODOXE KIRCHE

Geduld, Mitleid, Demut. Anforderungen, die dem russischen Charakter entsprachen. Und auf Alkohol müsste auch niemand verzichten! Die Gesandten des Kiewer Großfürsten Wladimir I. (960–1015) zeigten sich beeindruckt. Sie empfahlen diese christliche, griechisch-byzantinische Religion sogleich ihrem Herrn weiter: »Ihr Gottesdienst ist besser als der aller Länder, denn wir können seine Schönheit nicht vergessen.« Somit ließ sich Wladimir I., der den Zusammenhalt seines Volkes durch eine einheitliche Glaubensausübung zu stärken suchte, im Jahr 988 taufen. Anschließend verordnete er seinen Untertanen eine Massentaufe im Schwarzmeerzufluss Dnepr.

Mythos oder Wahrheit? Andere Quellen zeigen noch weitere Motive für die Christianisierung Russlands auf: Zeitgleich bot sich nämlich dem Großfürsten die Chance einer Heirat mit der byzantinischen Prinzessin Anna, sofern er ihrem Bruder, Kaiser Basileios II. (958–1025), einerseits militärische Unterstützung gewährleisten und sich andererseits zum Christentum bekennen würde. Großfürst Wladimir I. nahm diese Bedingungen durchaus gern an, denn das

Christentum hatte ohnehin schon viele Anhänger unter den Russen gefunden und eine dynastische Verbindung mit dem byzantinischen Kaiserhaus bedeutete eine unvergleichliche Rangerhöhung. Die Hochzeit fand also statt. In der Folge brachen griechische Geistliche und Kirchenbaumeister auf, um in der Kiewer Rus, wie das erste russische Staatsgebilde genannt wurde, den Aufbau einer Kirchenorganisation zu unterstützen.

Als im 15. Jahrhundert osmanische Türken Konstantinopel eroberten, war der Untergang des Byzantinischen Reiches und somit der Mutterkirche des russischen Christentums besiegelt. Die russisch-orthodoxe Kirche sah sich nun als deren Nachfolgerin und einzige Bewahrerin des rechten, unverfälschten Glaubens. Allerdings hatten sich in Russland längst eigenständige, vom byzantinischen Vorbild abweichende religiöse Praktiken entwickelt. Zwei Jahrhunder-

Verfolgung der nikon-
kritischen Bevölkerung
endete.

Diese sogenannten
raskolniki (Abgespalte-
ne), auch Altgläubige
oder Altritualisten ge-
nannt, ließen sich lieber
nach Sibirien verban-
nen oder gar exekutie-
ren, als dass sie die inzwischen typisch russischen Eigenarten ihres Glaubens aufgegeben
hätten. Ihre Nachfahren leben noch heute in ab-
gelegenen Dörfern im Altai, in Chakassien, der
Republik Tuwa und in Transbaikalien; sie pfle-
gen ihre alten Bräuche und verzichten auf Alkohol, Tabak sowie auf die technischen Neuerun-
gen der Moderne. Obwohl sie in der Sowjet-

union zwischenzeitlich gezwungen wurden,
sich dem allgemeinen Lebensstil anzupassen,
sind sie heute sehr bemüht, ihren Glauben, die
überlieferten Regeln und Traditionen wieder
aufleben zu lassen.

Wer heute einem der klassischen Gottes-
dienste in Russland beiwohnt, kann wohl nicht
mehr nachvollziehen, ob die Zeremonien wirk-

*1 Gern segnen die Popen die Gläubigen im
Vorübergehen. 2 Bevor die wundertätige Ikone
der Kasaner Gottesmutter 1904 gestohlen
wurde, hing sie in der Kasaner Peter-und-Paul-
Kathedrale. 3 Demütig verneigen sich orthodoxe Christen während der Liturgie in der
Nowosibirsker Himmelfahrtskathedrale.
4 Alltag in der Maria-Schutz-Kirche von
Krasnojarsk. 5 Eine Kerze und ein Gebet vor
einer Ikone sollen Wunder wirken.*

te darauf beschloss das russische Kirchenoberhaupt Patriarch Nikon, diese Verfälschungen
wieder rückgängig zu machen, und verursachte
damit eine Spaltung der Christen in Anhänger
und Gegner seiner Reformen. An unerheblichen
Kleinigkeiten wie der Frage, ob man sich mit
zwei oder drei Fingern bekreuzigen solle, ent-
zündete sich ein Streit, der mit der vehementen

lich dem Originalgebot entsprechen. Doch berührt wohl jeden – ähnlich wie einst die Gesandten des Kiewer Großfürsten – ihre geheimnisvoll düstere, magische Anmut: Vor den Ikonen an den Wänden der Kirchen zünden Frauen und Männer dünne Bienenwachskerzen an, die goldenen Heiligenscheine glühen in ihrem Widerschein auf und die Menschen küssen das Bildnis. Ikonen gelten ganz unmittelbar als Fenster zum Himmelreich und das warm glänzende Gold als himmlische Symbolfarbe. Im hinteren Bereich jeder Kirche befindet sich eine ganze Wand mit Ikonen, der prächtig verzierte Ikonostas.

Die Luft ist weihrauchgeschwängert, lieblicher, mehrstimmiger Chorgesang schwillt an und verblasst wieder, wechselt sich mit der monotonen Stimme des Popen ab. Seine Liturgie zelebriert er in Kirchenslawisch, einer jahrhundertealten Literatursprache. Um den Popen herum drängen sich die Gläubigen, bekreuzigen sich immer wieder und fallen in regelmäßigen Abständen auf die Knie. Hier erleben sie die reine Gegenwart Gottes und der große Prunk vermittelt ihnen eine Ahnung von der Herrlichkeit im Himmel. Das irdische Leben bleibt nur eine Zwischenstation; geduldig warten die Gläubigen auf die Erlösung und werfen einstweilen ihre Rubel in den Spendenkasten.

Dass die orthodoxe Kirche heutzutage einen regen Zulauf erfährt, ist keine Selbstverständlichkeit. Schließlich wurde jegliche Religion während des 70-jährigen Bestehens der Sowjetunion massiv unterdrückt. Stattdessen galt es in dieser Zeit, an die kommunistische Lehre zu glauben. Im Jahr 1929 erließ die Regierung unter Stalin die »Verordnung über religiöse Vereinigungen«, woraufhin Klöster aufgelöst, kirchliche Versammlungen verboten und Kirchen enteignet wurden. Ihr Besitz ging an den Staat. Dieser ließ die Gotteshäuser zerstören, gab sie dem Verfall preis oder nutzte sie als Archive, Sporthallen, Museen und manchmal sogar als Viehställe.

Dennoch gelang es der Sowjetherrschaft nicht, das Christentum gänzlich auszulöschen, denn dieses war über viele Generationen und Jahrhunderte hinweg tief im Volk verwurzelt. Im Zweiten Weltkrieg setzte sich die Kirche intensiv

für die Verteidigung des Vaterlandes ein, was ihr in der Folge eine eingeschränkte Duldung und einige Zugeständnisse einbrachte, wie beispielsweise die Erlaubnis zur Wahl eines neuen Patriarchen.

1988, als bereits der Reformer Michail Gorbatschow an der Macht war, fand unter internationaler Beachtung die Tausendjahrfeier des Christentums in Russland statt. Sie setzte endlich den entscheidenden Schlussstrich unter die kirchenfeindliche Politik. Zweckentfremdete Kirchenbauten wurden nach und nach zurückgegeben. In Sonntagsschulen und christlichen Zirkeln erlangen und rekonstruieren die Menschen seitdem wieder religiöses Wissen und bekennen sich offen zu dem »wahren«, dem orthodoxen Glauben, der schon seit dem Mittelalter das Nationalbewusstsein des russischen Volkes prägt.

Das Dreifaltigkeitskloster von Sergiew Possad. **1** Alle verfügbaren Gefäße werden mit heiligem Wasser gefüllt. **2** Vor der Mariä-Himmelfahrts-Kathedrale. **3** Fresken im Toreingang zeugen von den Wohltaten des heiligen Sergij, des Klostergründers. **4** An Festtagen herrscht in dem Wallfahrtskloster reges Gedränge.
5 und **6** Häufig tragen schon kleine Mädchen an heiligen Orten ein Kopftuch.

Doch allein schon das Stadtbild Moskaus gleicht einem Architekturmuseum, das trotz seiner Mischung unterschiedlicher Baustile seltsam harmonisch wirkt. Farbig gefasste Kirchen altrussischen Stils stehen neben mehr oder weniger fantasievollen Formen moderner Bauwerke, dazwischen barocke Baudenkmäler wie das Neujungfrauenkloster, klassizistische Gebäude wie das Bolschoj-Theater sowie viele Gebäude, die die klassischen Stile verschmelzen wie das Historische Museum. In der breiten Twerskaja Uliza versammeln sich typische Architekturelemente des 20. Jahrhunderts: Jugendstil, Kon-

struktivismus und stalinistischer Größenwahn am Bau. Dagegen reihen sich in Kitaj Gorod, dem alten Zentrum des China-Fernhandels, viele kleine Kirchen entlang einer schmalen Straße. Die riesigen, aus den frühen 1950er Jahren stammenden und über das Stadtgebiet verteilt stehenden »Stalinkathedralen« im neoklassizistischen Zuckerbäckerstil kontrastieren mit der praktischen Wohnplatte der Endfünfziger.

Nicht zuletzt sind die neun Bahnhöfe Moskaus jeder für sich eine Attraktion. Am Komsomolskaja Ploschtschad, dem Platz der drei Bahnhöfe, befinden sich der Leningrader Bahnhof, die älteste Bahnstation Moskaus, außerdem der vom Jugendstil inspirierte Jaroslawler Bahnhof und der Kasaner Bahnhof, dessen spitzer Turm auf die tatarische Architektursprache der Stadt Kasan zurückgreift. Von letzterem aus rollen die Züge über die Südroute zum Ural, während vom Jaroslawler Bahnhof zumeist jene Fernzüge starten, die die nördliche und die mittlere Route in Richtung Sibirien befahren.

Hier beginnt es, das Abenteuer Transsib. Gen Osten, lautet nun für lange Zeit die Devise, jeden Tag aufs Neue der Sonne entgegen. Wer sich nun für die nördliche

In Rostow Welikij.
LINKE SEITE *Die Kirche des Johannes des Evangelisten im Kreml.*

OBEN RECHTS *Die malerischen Kremlkirchen ziehen viele Künstler in ihren Bann.*

LINKS *Fotosession in historischen Kleidern.*

OBEN LINKS *Das klassizistische Erlöser-Jakowlew-Kloster am Nerosee ist nach Jahren des Verfalls heute wieder ein aktives Mönchskloster.*

RECHTE SEITE OBEN Die Erzengel-Micha- el-Kirche am Stadt- rand ist nur eine der unzähligen Kirchen von Susdal.

RECHTE SEITE UNTEN Das Nonnenkloster im dörflichen Bogol- jubowo bei der Stadt Wladimir ist vom Zug aus zu sehen.

OBEN Die Christi- Auferstehungs-Kirche im Walde in Kostro- ma zählt zu den schönsten Kirchen an der Wolga.

RECHTS Das klassizis- tische Zentrum von Kostroma mit dem Feuerwachturm.

oder die mittlere Streckenführung durch den europäi- schen Teil Russlands entschieden hat, durchfährt eini- ge phänomenale altrussische Städte nordöstlich von Moskau, die zum sogenannten Goldenen Ring gehören. Diese Bilderbuchorte verströmen den großen Geist des alten Russland und schmücken sich mit den außeror- denlichsten Kirchen. Reisende der Nordroute passieren auf ihrer Fahrt gleich drei dieser Juwele: Sergiew Pos- sad, Rostow Welikij und Jaroslawl. Die mittlere Linie ver- läuft über Wladimir, von wo aus sich ein Besuch der Ort- schaft Susdal anbietet.

»Goldener Ring« – diese fürstliche Bezeichnung stammt aus den 1970er Jahren und steht in erster Linie für eine attraktive touristische Rundtour. Vielleicht be- zieht sich das Attribut »golden« auf die häufig vergol- deten Kirchenkuppeln oder auch auf die goldgelben Herbstwälder der lieblichen Hügellandschaft. Vor allem spielt es aber auf die einst goldenen Zeiten dieser Städ- te an, eine kurze Epoche der Blüte zwischen dem Zerfall

der Kiewer Rus im 12. und dem Einfall der Mongolen im 13. Jahrhundert.

Die Kiewer Rus, das erste russische Staatsgebilde, das sich seit Mitte des 9. Jahrhunderts allmählich her- ausgeformt hatte, wurde von blutigen Erbfolgekriegen um die Großfürstenwürde geplagt. Nach dem Tod Wla- dimir Monomachs (1053–1125), des letzten großen

Herrschers, besannen sich die einzelnen Fürstentümer auf ihre Autonomie und sorgten für den möglichst prunkvollen Ausbau ihrer jeweiligen Hauptstadt. Doch trotz ihres Wohlstands konnten sie nichts gegen den Einfall der als unbesiegbar geltenden Mongolenhorden in den 1240er Jahren ausrichten – eineinhalb Jahrhunderte dauerte die Tyrannei des Reitervolks. Nach ihrem Abzug verleibte sich das erstarkte Moskau die Residenzen im Norden ein und versenkte sie in politische Be-

LINKE SEITE In Susdal trägt jeder Mann seine Braut über die Kamenka.

GANZ OBEN Das Kloster Ipatjew ist das Schmuckstück von Kostroma.

OBEN Mariä-Geburts-Kathedrale im Kreml von Susdal.

ERIC NEWBY

»Die Sonne war gerade aufgegangen (…)
Die Rossiya schwebte langsam durch eine
Welt, die nur zu einem kleinen Teil von
der Landschaft bestimmt wurde, eine
gewaltige, endlose Prärie mit feinem,
wogendem Grass, durchsetzt mit Feldern,
deren schwarze Erde schon die ersten
Feldfrüchte zeigte, mit Birkenhainen und
hier und dort, an einem Bach oder einer
sumpfigen Stelle, mit einigen Espen und
Weiden.«

Die lange rote Zugfahrt, 1978

*Westlich der Stadt Kungur im Ural verlaufen
die Gleise lange Zeit neben der Sylwa.*

OBEN Ein letzter Blick aus dem Fenster, bevor sich das Land in schwarze Nacht hüllt.

RECHTS Abteilgenossen vertreiben sich die Zeit gern bei Tee und ausgedehnten Mahlzeiten.

deutungslosigkeit. Dafür taten sich die ehemaligen Fürstentümer nun als spirituelle Zentren der orthodoxen Kirche hervor: Zaren, Fürsten, Mönche, Metropoliten, adelige Familien und reiche Kaufleute gründeten weiterhin Klöster, ließen Kirchen und Glockentürme errichten und machten den Goldenen Ring zu dem, was er noch heute ist – eine Offenbarung der tiefen Religiosität des russischen Volks.

Auf der Nordroute erblickt der Reisende zuerst die Ortschaft Sergiew Possad mit ihrem 88 Meter hohen Glockenturm, der als der schönste in ganz Russland gilt. Seine mit goldenem Schmuckwerk beladene Spitze überragt die Mauern des Dreifaltigkeits-Sergius-Klosters, des bedeutendsten Heiligtums Russlands, das durch sein bezauberndes Ensemble kuppelbekrönter Kirchen besticht. Jahr für Jahr ist dieses Kloster das Ziel Tausender Pilger.

Am Kilometer 224 erreicht man Rostow Welikij. Das Flair ist friedlich und kleinstädtisch, farbig gestrichene Holzhäuser mit liebevoll geschnitzten Fensterrahmen flankieren die Alleen. Die Arkaden klassizistischer Handelshäuser dominieren das Zentrum, doch berühmt wurde die Stadt durch ihren prachtvollen, weißen Kreml am Nerosee.

Nächste Station ist die Stadt Jaroslawl, die von hässlichen Wohn-, Gewerbe- und Industriegebieten umgeben ist. Dagegen versprüht das historische Zentrum mit

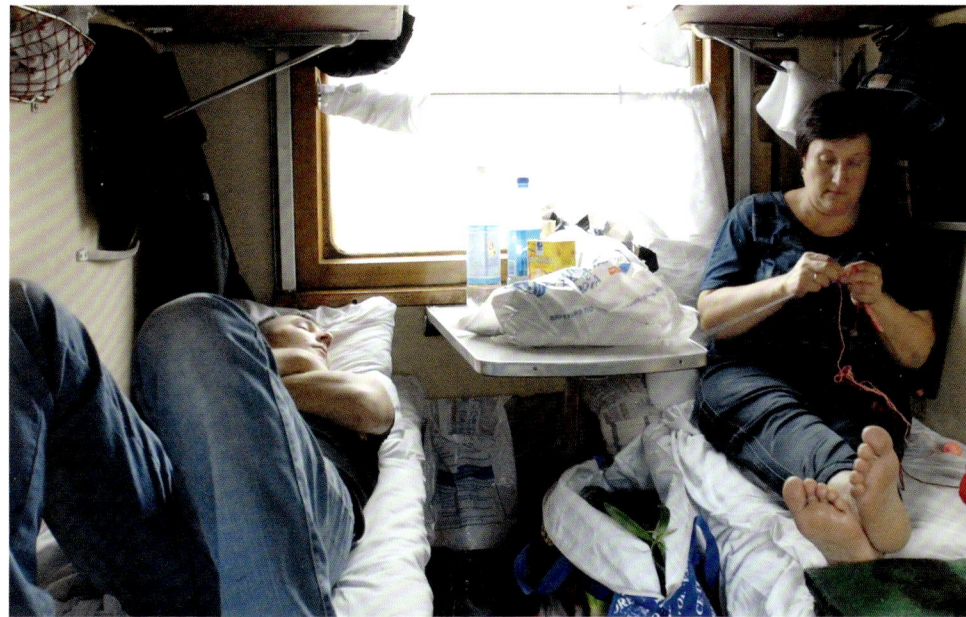

DIE STROGANOWS

Anfänglich hatte es die reiche Kaufmannsfamilie Stroganow aus Nowgorod nur auf das Salz des Urals abgesehen und seit der zweiten Hälfte des 15. Jahrhunderts an der Westseite des Gebirges mehrere Salzsiedereien aufgebaut. Doch 1557 reiste Anika Stroganow zum Zaren Iwan IV. (1530–1584), dem Schrecklichen, überreichte ihm wertvolle Geschenke und berichtete vom Land hinter dem Ural, das Stroganows Familie für die russische Krone zu erobern gedachte: »Alles wird zu Eurer Ehre und zum Ruhme Russlands gedeihen, denn dieses Land ist überreich an Schätzen und eignet sich gut zur Besiedelung (…).« Tatsächlich erhielt er eine Urkunde, die seiner Familie für 20 Jahre das Recht einräumte, im und hinter dem Ural Erze zu schürfen, Salzquellen zu erschließen, Ackerbau und Fischerei zu betreiben, Städte zu bauen und Truppen zu deren Verteidigung auszuheben. Bald darauf drangen die Stroganows bis in die Westsibirische Tiefebene vor.

GANZ OBEN LINKS
Auch das Küchenpersonal braucht einmal eine Pause.

GANZ OBEN RECHTS
Auf den mitunter tagelangen Fahrten beschäftigt sich jeder auf seine Weise.

OBEN LINKS *Im preiswerten »plazkartnyj wagon« sind die Abteile offen und auch auf dem Gang stehen Liegen.*

OBEN *Eine Waggonschaffnerin wacht an ihrer Waggontür.*

seinen zahlreichen, zumeist mit grünen Schindeln gedeckten Kirchen altrussischen Bilderbuchcharme. Herrlich geht man an den schattigen Uferpromenaden von »Mütterchen Wolga« spazieren. An der Mündung des Kotorosl in die Wolga soll der Stadtgründer Fürst Jaroslaw der Weise im Jahr 1010 mit bloßen Händen eine Bärin erlegt haben, die daraufhin im Stadtwappen verewigt wurde.

Auch die Ortschaft Wladimir, durch die die Gleise der mittleren Bahntrasse führen, ist eine geschäftige Großstadt. Leider wurde hier sogar der alte Ortskern von der Moderne überwuchert, doch glücklicherweise blieben die Kirchen größtenteils erhalten. Vom Zug aus sind bereits die golden glänzenden Kuppeln des 1160 eingeweihten Mariä-Himmelfahrts-Doms zu sehen. Die

mittelalterliche Schönheit aus naturweißen Kalksteinquadern gilt als das Prunkstück der Stadt. Von Wladimir aus sollte man unbedingt einen Ausflug in das etwa 40 Kilometer entfernte Susdal unternehmen. Dieser kleine Ort mit seinen zahllosen Kirchen gilt als Haupt-

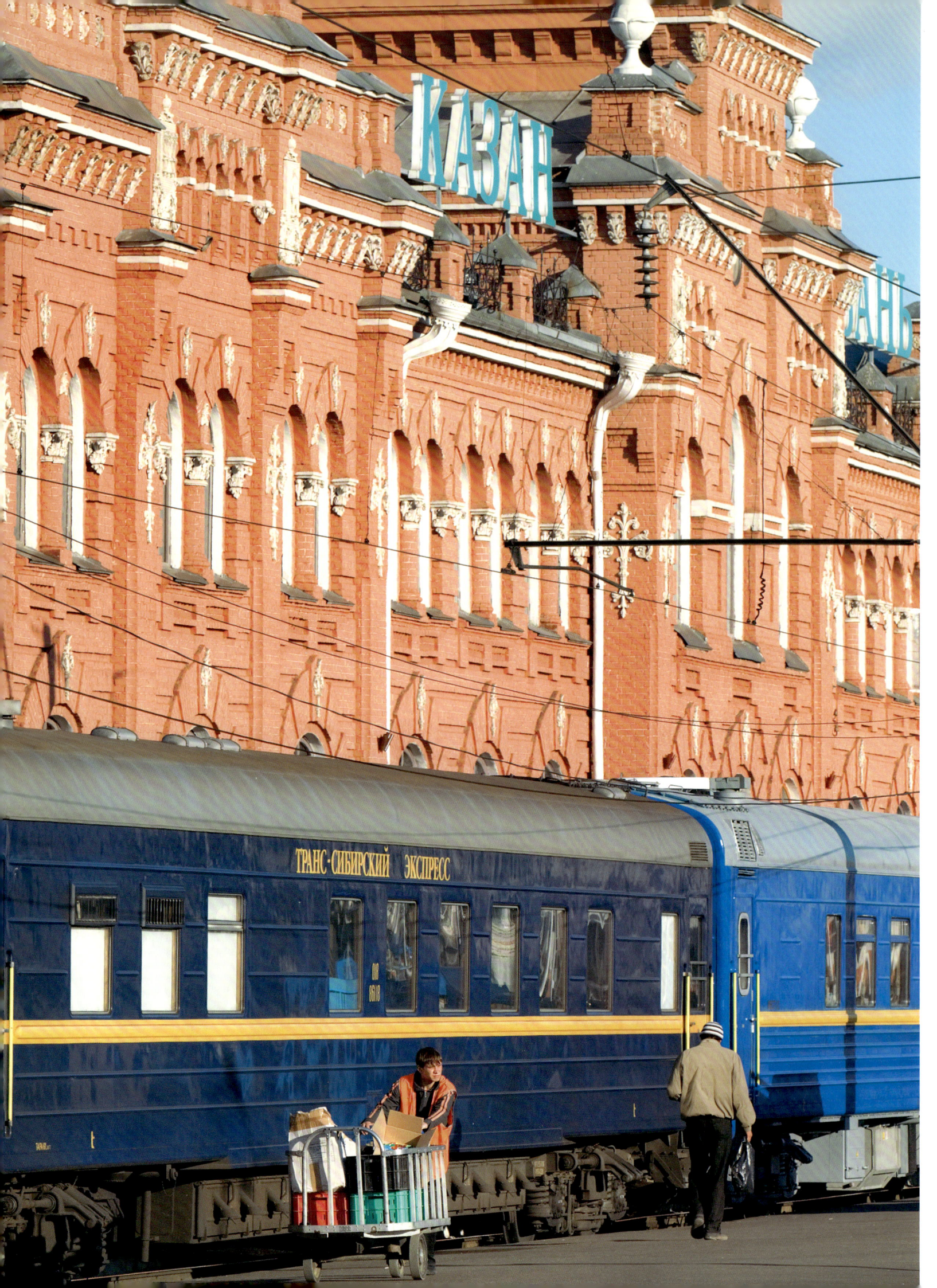

stadt des Goldenen Rings. Wenn sich abends der Touristenrummel beruhigt, verbleibt eine dörfliche, beinahe märchenhafte Atmosphäre in den schmalen, von Holzhäusern gesäumten Gassen. Am Steg der Kamenka wringt eine Frau ihre Wäsche aus, über die Auen klingt ein abendliches Glockenkonzert und ein müdes Pferd zieht eine Touristenkutsche nach Hause.

Durch waldreiche Ebenen mit Kiefern und den für Russlands Weiten so typischen Birken entfernt sich der Zug von Wladimir und dem Goldenen Ring und fährt in

die Kultur- und Industriestadt Nischnij Nowgorod. Die gepflegte Metropole mit dem mächtigen Kreml ist mit 1,5 Millionen Einwohnern die größte Stadt an der Wolga. Die meisten Züge haben hier einen kurzen Aufenthalt, den man zumindest zur Betrachtung der zwei wandfüllenden Mosaiken aus Sowjetzeiten in der Bahnhofshalle nutzen sollte. Sie zeigen das vollendete Glück der russischen Eisenbahner, Landarbeiter und Pioniere unter Lenins in die Zukunft weisenden Blick.

In Kotelnitsch laufen die nördliche und die mittlere Bahnlinie zusammen. Der nächste größere Ort ist Kirow, die nördlichste Bahnstation der gesamten Transsib; sodann erreicht man Perm, bereits am Fuß des Urals gelegen. Aus dem berühmten Roman »Doktor Schiwago« von Boris Pasternak (1890–1960), der hier mehrere Lebensjahre verbrachte, ist Perm als Jurjatin bekannt. Wie die meisten Ansiedlungen im und am Ural, der reich an Bodenschätzen wie Erzen, Edelsteinen, Salz und Erdöl ist, entstand Perm im 18. Jahrhundert als Industriesiedlung – in diesem Fall um eine Kupferhütte. Perm ist nicht gefällig, aber Entdecker werden überall kleine Be-

In der Tatarenhauptstadt Kasan.

LINKE SEITE *Der Sonderzug »Zarengold« wartet auf die Rückkehr der Passagiere.*

OBEN LINKS *Vor dem Erlöserturm steht das Denkmal für den tatarischen Dichter Mussa Dschalil.*

OBEN MITTE *Die Mariä-Verkündigungs-Kathedrale ist das älteste Steingebäude Kasans.*

OBEN RECHTS *Junges Talent der Musikschule.*

LINKS *Die Kremlmauer aus Kalkstein vom Wolgaufer, dem traditionellen Kasaner Baumaterial.*

SEITE 58/59 *Am Tschussowsker See bei Jekaterinburg rollt die Bahn über einen schmalen Damm.*

GANZ OBEN *Nach getaner Arbeit erholen sich die Bäuerinnen beim Schwätzchen.*

OBEN *Die Eishöhle bei Kungur beeindruckt mit bizarr vereisten Grotten und unterirdischen Seen.*

OBEN RECHTS *Bootshaussiedlung am Tschussowsker See bei Jekaterinburg.*

RECHTS *Ein Sport- und Ferienlager an der Sylwa im Ural veranstaltet Floßfahrten.*

sonderheiten finden können wie die aus verschiedenen Gesteinen des Urals bestehenden Platten, die den funktionalen Bau des Transsibbahnhofs Perm II verkleiden.

Rund 100 Kilometer östlich von Perm hält der Zug in der kleinen Stadt Kungur am Fluss Sylwa. Hier befindet sich eine prächtige, weit verzweigte Eishöhle. Während die tiefer gelegenen Grotten bizarre Gebilde aus Eis schmücken, verzaubern in den höheren und wärmeren Bereichen der Höhle kristallklare, unterirdische Seen die Besucher. Der Legende nach verbrachte der Sibirieneroberer Jermak mit seinem Kosakentrupp hier den Winter 1582/83.

Auf der südlichsten der drei Streckenführungen zum Ural kann der Transsibreisende bereits auf europäischem Terrain die ethnische Vielfalt Russlands erleben. Vier autonome Republiken liegen an dieser Route. Die erste, Tschuwaschien, ist Heimat des Turkvolks der Tschuwaschen. Anschließend verlaufen die Gleise wenige Kilometer südlich an der von den finno-ugrischen Mari bewohnten Republik Mari El vorbei. Dann geht es durch Tatarstan, weiter durch Udmurtien, wo ebenfalls ein finno-ugrisches Volk beheimatet ist, anschließend an der nördlichen Grenze von Baschkortostan entlang. Hier leben die dem sunnitischen Islam zugehörigen Baschkiren.

Der Unterschied zwischen russischer und nichtrussischer Kultur tritt am deutlichsten in Kasan zutage, der Hauptstadt Tatarstans. Mit den Eroberungszügen der mongolischen Krieger waren im 13. Jahrhundert auch turkstämmige Tataren als sogenannte Goldene Horde bis an die Ufer der Wolga gelangt. Sie zerschlugen das dortige Reich der Wolgabulgaren, übernahmen jedoch von diesen den Islam und verschmolzen allmählich mit ihnen. Das im 15. Jahrhundert von jenen Tataren gegründete Khanat Kasan war Zar Iwan dem Schrecklichen ein Dorn im Auge. Er eroberte Kasan 1552 und ließ zum Dank für den Sieg in Moskau die Basiliuskathedrale errichten. Nach vielen Jahren der Unterdrückung tatarischen Kulturguts vor allem durch die Sowjets ist die er-

ter breite Gebirgsstrang erstreckt sich über 2000 Kilometer in Nord-Süd-Richtung vom Nordpolarmeer bis zur nördlichen Grenze Kasachstans. Vor bereits 300 bis 250 Millionen Jahren falteten sich hier die Erdschichten auf, somit gehört der Ural zu den ältesten Gebirgen der Welt. Verwitterung und Abtragung haben seiner Silhouette Sanftheit verliehen und gleichzeitig Bodenschätze an die Oberfläche gebracht – Voraussetzung für die Ansiedlung einer umfangreichen Industrie. Im Durchfahrtsgebiet der Transsib zeigt sich der Ural leider wenig beeindruckend, weil ein Bereich mit möglichst geringen Steigungen für seine Durchquerung gewählt wurde. Idyllisch sind dafür die kleinen hölzernen Bahnstationen entlang der Gleise.

Keine 40 Kilometer vor Jekaterinburg gilt es für die Passagiere auf der Nordroute, den Wald rechter Hand im Auge zu behalten, um nicht den unscheinbaren, silbrigen Obelisken zu verpassen, der am Kilometer 1777 am Bahndamm aufgestellt ist. Hier passiert der Zug die Wasserscheide des Urals – und somit die Grenzlinie zwischen Europa und Asien.

blühende Millionenstadt heute wieder das offizielle Zentrum des Islam in Russland. Sichtbarer Ausdruck dafür ist der elegante Neubau der Kul-Sharif-Moschee auf dem Kremlgelände.

Bevor Nord- und Südstrecke bei Jekaterinburg zusammentreffen, geht die Fahrt durch den Ural, ein waldiges Mittelgebirge. Der durchschnittlich nur 50 Kilome-

VOKABELN ZUM EDELFISCH

UNTERWEGS IM »ZARENGOLD«

Die Touristen müssten eigentlich müde sein: Schließlich sind sie seit zwei Tagen kreuz und quer durch Moskau gefahren, haben Roten Platz und Kreml besichtigt, sich im Schatten der riesigen Erlöserkathedrale ganz klein gefühlt oder – wieder ganz groß – von den Sperlingsbergen über die Stadt geblickt. Als sie nun am »Kasaner Bahnhof« eintreffen – von Müdigkeit keine Spur, im Gegenteil: Leise Aufregung ergreift die Reisenden. Wird der »Zarengold« halten, was sein Name verspricht?

In der Dämmerung schimmern die Waggons tiefblau und geheimnisvoll rot, warmes Licht dringt durch die gerafften Vorhänge aus den Abteilfenstern. Die Schaffnerinnen in ihren Uniformen warten bereits und begrüßen die Reisenden mit »Dobro poschalowat!« – herzlich willkommen an Bord des »Zarengold«!

Ein Ruck geht durch die Wagen; langsam rollt der Sonderzug aus dem Bahnhof und nimmt Kurs auf den Baikalsee, in Richtung Mongolei und China. Drinnen klirren die Wodkafläschchen – ein Begrüßungstrunk, ganz der Tradition entsprechend.

Nicht jeder, der von einer Reise mit der Transsibirischen Eisenbahn träumt, bringt den Mut auf, sich ohne Sprachkenntnisse in das fremde, nach eigenen Gesetzen funktionierende Russland aufzumachen. Bei einer Sonderzugreise wie dieser entfällt jedoch der Planungsauf-

6

7

8

wand – der Gast kann seinen Urlaub entspannt genießen und erfährt das Land sogar auf besonders intensive Weise, denn das Programm ist mit Höhepunkten gespickt. Nicht nur die Stadtbesichtigungen, die Ausflüge und Bootsfahrten auf den breiten sibirischen Strömen bieten Abwechslung – auch während der Fahrt wird dem Reisenden die Zeit nie lang. Wenn Weite und

Gleichförmigkeit über lange Strecken am Fenster vorbeiziehen, immer wieder Birken, Sümpfe und Holzhäuser, dann hört man landeskundlichen Vorträgen über Bordfunk zu, versammelt sich zur russischen Teestunde oder zur Kaviar- und Wodkaverkostung im Speisewagen. Hier kommt man auch zu allen Mahlzeiten zusammen und lässt sich mit üppigen Menüs verwöh-

1 Eine Waggonschaffnerin findet nur selten Zeit für sich. 2 Zur Begrüßung gibt es ein traditionelles »Wässerchen«. 3 Im Speisewagen kommt Stimmung auf. 4 Die Samtpolster und Echtholzverkleidungen waren früher sowjetischen Staatsgästen vorbehalten.
5 Die Schaffnerinnen haben das klassische Zweibettabteil liebevoll hergerichtet.
6 Der frisch gewaschene Zug blinkt im Abendlicht. 7 Ein Diplom bestätigt die erfolgreiche Teilnahme am Russischkurs – hier wurde die Bestnote Fünf vergeben.
8 Verschnörkelte Messingklinken in den nostalgischen Luxuswaggons.

1

2

nen: Vom Salat »Ural« bis zur Edelfischplatte »Zarenhof« schlemmen sich die Gäste durch die russische Küche. Beliebt ist auch die Teilnahme am angebotenen Russischkurs – eifrig lernt man Buchstaben, übt einfache Wörter und kleine Dialoge. Am Ende der Reise können beinahe alle Lernbegierigen die Ortsnamen an den Bahnhöfen entziffern und beherrschen die wichtigsten Redewendungen in Sachen Höflichkeit und Überleben.

Mit Russischunterricht auf der Transsib hatte Hans Engberding während der Ära Gorbatschow begonnen, sein Reiseunternehmen Lernidee aufzubauen. Damals fanden die Lehrstunden allerdings noch im Regelzug statt. 1999 machte sich dann der erste Sonderzug auf seinen Weg durch Sibirien, für den Engberding den verheißungsvollen Namen »Zarengold« erfand. Inzwischen ist der Veranstalter Deutschlands Marktführer bei Russlandreisen, bietet zahlreiche Varianten an, hat englisch-, spanisch-, italienisch- und französischsprachige Transsibreisen

im Programm und geht immer individuell auf die Wünsche seiner Kunden ein, denn er weiß: »Russland ist unerschöpflich!«

Neben dem reichhaltigen Bordprogramm während einer Sonderzugreise bleibt dem Reisenden genug Zeit, sich in seinem Abteil in die Landschaft hineinzuträumen. Vielleicht hat er ein klassisches Zweibettabteil genommen oder sich gar die Kategorie »Bolschoj« oder »Bolschoj Platinum« geleistet, neu, edel und mit eigenem Bad. Am spannendsten ist wohl die Nostalgie-Komfortklasse in den originalgetreuen Nach-

bauten der weinroten Waggons mit der Aufschrift »Rus«. Auf den orangefarbenen Samtpolstern reisten einst, hinter dicken Vorhängen und umgeben von edlen Holzverkleidungen sowie blankpolierten Messingschnörkeln, sowjetische Staatsgäste. Nikita Chruschtschow hatte die Luxuswagen in den 1950er Jahren in Auftrag gegeben; anschließend wurden sie von Leonid Breschnew genutzt. Mao Zedong, Fidel Castro oder auch Nordkoreas Staatschef Kim Il-Sung waren unter anderem geladen.

Romantisch erleben die Passagiere des »Zarengold« auch die Ankunft am Baikalsee. Ganz langsam schiebt sich der lange Zug auf der Strecke der kaum befahrenen alten Baikalbahn am Ufer der »Perle Sibiriens« entlang. Auf halber Strecke im Örtchen Marituj wird ein längerer

Durch die sandigen Hügel der Wüste Gobi geht die Fahrt schließlich weiter in Richtung Süden. In Erlian, an der Grenze zu China, verlassen die Transsibtouristen schweren Herzens ihr rollendes Hotel und nehmen Abschied von lieb gewonnenen Waggonschaffnern und Reiseleitern, von Kellnern und Köchen. In das Land des Lächelns entführt sie nun ein chinesischer, allerdings nicht weniger luxuriöser Zug. Für den »Zarengold« geht es hier nicht weiter, denn die russische Breitspur, auf die der Zug ausgelegt ist, ist zu Ende. Und so erwartet er bereits seine nächsten Gäste, die nun in umgekehrter Richtung von Peking nach Moskau reisen werden.

1 *Das Picknick am Baikal ist eines der schönsten Erlebnisse auf der Fahrt.*
2 *Mit Ehrfurcht und Skepsis wird die »Ziege aus der Milchkanne« erwartet, eine mongolische Spezialität.*
3 *Kellner benötigen Geschick und Einfallsreichtum.*
4 *Die Waggons werden seit Jahr und Tag mit Kohle beheizt.*
5 *Die Waggonschaffnerinnen haben für ihre Schützlinge stets ein Lächeln übrig.*

Stopp eingelegt und mitten auf den Gleisen ein opulentes Grillfest veranstaltet. Ein Akkordeonspieler verzaubert die Atmosphäre mit alten Liedern, die trotz ihres Schwungs stets auch einen Hauch von Schwermütigkeit verbreiten. Bei Schaschlik, Tee aus dem Samowar und Wodka kommt zunehmend Stimmung auf. Vor dem berauschenden Baikalpanorama wird auf den Schienen getanzt, gesungen und gelacht, bis der Mond hoch über dem kleinen Dorf steht.

Nach einem Aufenthalt in Ulan-Ude, der Hauptstadt Burjatiens, verlässt der Sonderzug die Hauptroute der Transsib und fährt der Grenze zur Mongolei entgegen. Bereits am nächsten Tag beziehen die Fahrgäste in der mongolischen Hauptstadt Ulaanbaatar ihre Hotelzimmer, wie es bei längeren Aufenthalten üblich ist. Dann machen sie sich auf zu einem Erlebnis der besonderen Art: dem Besuch eines Jurtencamps. Zwischen den bizarren Felsformationen des Terelsch-Nationalparks und den schneeweißen Rundzelten führen geschickte Reiter und Bogenschützen ihr Können vor. Außerdem kann man die berühmte »Ziege in der Milchkanne« verkosten: Zum Garen wird das Ziegenfleisch zusammen mit heißen Steinen in eine große Kanne geschichtet – eine typisch mongolische Zubereitungsmethode.

DURCH SIBIRIENS ENDLOSE WEITEN

VON JEKATERINBURG NACH IRKUTSK

RECHTE SEITE OBEN
*Die Sibirjaken legen
Wert auf dekorative
Fensterläden und
üppige Vorgärten
(links).*

*Bäuerinnen haben
Blumen im eigenen
Garten gepflückt
(Mitte).*

*Bitte einsteigen! Eine
»Elektritschka«, ein
Vorortzug, wartet am
Bahnhof von Krasno-
jarsk auf die Abfahrt
(rechts).*

RECHTS *Lockere
Birkenwälder säumen
die Bahndämme in
der Westsibirischen
Tiefebene.*

Jekaterinburg, das »Fenster nach Asien«, ehrt mit seinem wohl-
klingenden Namen die Zarin Jekaterina I. (1684–1727), die Ge-
mahlin Peters des Großen, der von 1682 bis 1725 regierte. Ver-
wunderlich, dass auf dem großen, hellen Bahnhofsgebäude der Name Swerdlowsk prangt. Immerhin hat es damit eine gewisse
Richtigkeit, denn 1924 benannte man Jekaterinburg nach dem revo-
lutionären Arbeiterführer Jakow Swerdlow (1885–1919). Noch heute taucht diese alte Bezeichnung in den Fahrplänen der Russischen
Eisenbahn auf, obwohl die Stadt 1991 offiziell rückbenannt wurde.

Indes ist man hier stolz, Hauptstadt des Urals zu sein: Auf einem schlichten Relief über dem Haupteingang des Bahnhofsgebäu-
des besetzt »Jekaterinburg« unverkennbar die Mittelposition zwischen den Worten »Asien« und »Europa«. Obwohl offiziell in Asien
zu Hause, fühlen sich die eineinhalb Millionen Jekaterinburger weder als Asiaten noch als Europäer, sondern als Uraler. Schließlich ist
ihre 1723 gegründete Heimatstadt die Hauptstadt des Föderativen
Kreises Ural. Von Anbeginn an war die Geschichte Jekaterinburgs
mit dem wirtschaftlichen Aufstieg der eisenverarbeitenden Indus-
trien verbunden. Bis heute verzeichnen die Metallverarbeitungs-
werke hohe Gewinne sowie sehr gute Exportquoten. Der neu er-
worbene Reichtum zeigt sich auch im Stadtbild: Alte Kaufmannsvillen werden restauriert und die Grünanlagen liebevoll gestaltet.
Überall entstehen Neubauten als Handelszentren oder Firmensit-
ze. Kein Wunder, dass sich die Quadratmeterpreise kaum mehr von
denen in Moskau unterscheiden.

Vor wenigen Jahren leistete sich die Stadt sogar den Bau einer
pompösen Kirche: In sattem Gold glänzen die Kuppeln der Kathedrale Auf dem Blut in der gleißenden Sonne. Die populäre Pilger-
stätte erhielt ihre Weihe am 16. Juli 2003, dem 85. Todestag der
letzten Zarenfamilie. Denn ganz in ihrer Nähe stand die Villa des
Bergbauingenieurs Ipatjew, in der 1918 der bereits zurückgetrete-
ne Zar Nikolaj II. nebst seinen Angehörigen, der Zarin Alexandra,
dem Zarewitsch Alexej und den vier erwachsenen Töchtern untergebracht wurde. Auf Befehl des zum bolschewistischen Sekretari-
atsvorsitzenden aufgestiegenen Jakow Swerdlow wurde die gesamte Zarenfamilie in der Nacht vom 16. zum 17. Juli im Keller des Hau-
ses ermordet und die Leichen an einem unbekannten Ort
verscharrt – eines der dunkelsten Kapitel in der Geschichte Jekate-

GANZ OBEN Den ganzen eisigen Winter hindurch rauchen die Schornsteine.

OBEN Nicht immer so gut beheizt sind die »Elektritschkas«.

RECHTS Bei Krasnojarsk liegen Datschen, Sommerhäuser, in tiefem Winterschlaf.

rinburgs. Die Villa funktionierte man zu einem Revolutionsmuseum um, was jedoch nicht verhinderte, dass sie sich zu einem Pilgerzentrum für Anhänger der Monarchie entwickelte. Grund genug für den damaligen Stadtsekretär Boris Jelzin, das Gebäude 1977 abreißen zu lassen. An seiner Stelle befindet sich heute ein weißes, orthodoxes Kreuz mit der Inschrift: »Falle, Russland, auf die Knie, am Fuß des Zarenkreuzes.«

Erst 1991 fand man die sterblichen Überreste der Zarenfamilie in einem dichten Wald, 40 Kilometer von Jekaterinburg entfernt. Im Jahr 1998 bestattete man sie standesgemäß in der Petersburger Kathedrale St. Peter und Paul. Die russisch-orthodoxe Kirche sprach sie im Jahr 2000 heilig und Patriarch Alexij, von 1900 bis zu seinem Tod Ende 2008 das russische Kirchenoberhaupt, veranlasste den Bau des Mönchsklosters Ganina Jama am Fundort der Toten. Mittlerweile zieren das Klostergelände zwischen Birken, Kiefern und Blumenbeeten märchenhaft schöne Kirchen in Blockbauweise.

Hinter Jekaterinburg führen die Gleise in die Westsibirische Tiefebene hinunter. Am Kilometer 2078 erreicht der Zug die Grenze zum Tjumener Verwaltungsgebiet und hier beginnt es jetzt ganz offiziell – das geheimnisumwitterte Sibirien. Das tatarische Sib-Ir bedeutet »Schlafendes Land« – ein Name, der zum großen Teil noch heute seine Berechtigung hat. Ein gutes Jahrhundert vor dem Einzug der Russen hatten in dieser Region die Tataren ein Khanat (Feudalstaat) errichtet.

Durch flaches Land geht die Fahrt nun vorbei an dichten Birkenwäldern, verbuschten Sümpfen und bis an den Horizont reichenden Feldern. Bald erreicht man die älteste russische Stadt Sibiriens: Tjumen. Sie wird liebevoll die »Mutter der sibirischen Städte« genannt.

Schon 1586, nur drei Jahre nachdem der Eroberer Jermak den tatarischen Khan in die Flucht geschlagen hatte, errichteten Soldaten des Zaren hier am Fluss Tura ein *ostrog*, eine Siedlung mit militärischer Festung. Dem heutigen Tjumen sieht man jedoch sein hohes Alter kaum an – bereits der Bahnhof wirkt hochmodern. Im Jahr 2007 erhielt das Sowjetrelikt sein aktuelles Äußeres aus Spiegelglas und Stahl. Offensichtlich geht es auch dieser Stadt gut; der wirtschaftliche Boom setzte hier in den 1960er Jahren ein. Nachdem über Jahrhunderte hinweg Handel, Handwerk, Industrie und Schiffbau die Tjumener Bürger ernährt hatten, entwickelte sich der Ort erfolgreich zum Umschlagplatz für Erdöl und Gas aus dem Norden. Die Bevölkerung wuchs auf über eine halbe Million Menschen an. Tjumen ist heute eine angenehme Stadt, relativ ruhig, aber doch interessant, mit sauberen, gepflegten Straßenzügen. Fantasievoll entworfene moderne Gebäude ragen zwischen gut erhaltenen hölzernen Villen und den frisch restaurierten Altbauten auf. Viele historistische Villen und Gebäude sind mit ungewöhnlich reichem Fassadenschmuck verziert und stehen unter Denkmalschutz.

Die nächste größere Stadt, die zumindest einen Tagesaufenthalt lohnt, ist das knapp 600 Kilometer entfernte Omsk. Bis dahin hält die Landschaft nur wenig

GANZ OBEN *Die Sibirjaken stören sich nicht an der Kälte und machen Besorgungen entlang der Dorfstraße.*

OBEN *Im Winter muss man manch vereistes Zugfenster freikratzen.*

LINKS *Die WL (Abkürzung für Wladimir Lenin) ist die verbreitetste Güterlok.*

SEITE 70/71 *Datschensiedlungen kurz vor Krasnojarsk.*

Abwechslung bereit. Die Größe Sibiriens wird immer dann spürbar, wenn sich über lange Stunden vor dem Zugfenster kaum etwas verändert: Stetig ziehen die Kornfelder, bunt blühende Wiesen und die duftig lockeren, hellen Birkenwälder vorbei. Die hölzernen Bauernhäuser in den sibirischen Dörfern, *isba* genannt, unterscheiden sich in der Bauart nicht von jenen im westlichen Russland, jedoch wird hier sehr viel mehr Wert auf die Gestaltung der Fensterläden gelegt. Häufig sind diese mit geometrischem oder floralem Schnitzwerk verziert und hellblau oder grün bemalt. Die Sibirjaken glauben, dass Gott diese Farben bevorzugt und so besonders gern zu ihrem Fenster hereinschaut.

Immer wieder gleitet der Blick des Zugreisenden über ausgedehnte Sümpfe, aus denen pfahlartig die Stämme abgestorbener Birken ragen – eine ideale Brutstätte für Myriaden von Mückenlarven. Als Alexander von Humboldt (1769–1859) im Auftrag des Zaren 1829 durch Sibirien reiste, um Klima, Bodenbeschaffenheit, geografische Gegebenheiten sowie Flora und Fauna zu erforschen, schrieb er in einem Brief an seinen Gönner, den russischen Finanzminister Georg Graf von Cancrin:

Jekaterinburg.
GANZ OBEN *Das Haus des Beamten und Kaufmanns Sewastjanow.*
OBEN *Junge Akrobaten an der Staumauer des Flusses Isset.*
RECHTS *Die Kathedrale Auf dem Blut.*

»Gegen die Mücken sind wir durch erstickende Masken gepanzert; ohne Beschwerden kann man keinen Genuss des Lebens haben!« Glücklich dürfen sich dagegen die Passagiere der Transsib preisen, die von der sommerlichen Mückenplage kaum etwas mitbekommen.

Die Waggons rollen über den Irtysch hinweg, den mächtigsten Nebenfluss des Ob, und kurz darauf fährt der Zug in Omsk, der »heimlichen Hauptstadt Sibiriens« ein. Die 1716 an der Mündung des Om in den Irtysch gegründete Siedlung wuchs bis heute zur zweitgrößten Stadt Sibiriens mit über einer Million Einwohnern heran. Und ganz zu Unrecht wird Omsk von vielen Touristenprogrammen ignoriert: Auch wenn die Außenbezirke die übliche abschreckende Mischung aus Hypermärkten, schmuddeligen Plattenbauten, modernen Neubauvierteln und Türmchenvillen der Neureichen bereithalten, machen mehrere Highlights die überschaubare Innenstadt attraktiv. Romantische Strände am Irtysch sowie einfallsreich gestaltete Parks sorgen für genuss-

volle Entspannung und auch Architekturliebhaber kommen auf ihre Kosten: So zeigt sich die Uliza Tarskaja als eine von niedrigen, hübschen Holzhäusern gesäumte Fußgängerzone. An ihrem unteren Ende erstrahlt seit 2007 der original wiederaufgebaute Mariä-Himmelfahrts-Dom in neuem Glanz, eine imposante Kirche im altrussischen Stil. Der 1898 eingeweihte Vorgängerbau wurde keine 40 Jahre alt – ihn hatte man im Zuge kommunistischer, religionsfeindlicher Propaganda einfach gesprengt. Eine weitere Besonderheit stellt der ehema-

GANZ OBEN *Die Deckengemälde in den Wartesälen des Jekaterinburger Bahnhofs stellen Ereignisse der Stadtgeschichte dar.*

OBEN *Dieses Bild zeigt den Großen Vaterländischen Krieg, für uns der Zweite Weltkrieg.*

lige Ljubinskij-Prospekt dar, der heutige obere Abschnitt der Uliza Lenina, ein prächtiges Ensemble ohne jegliche Stilbrüche. Die reich verzierten Wohn- und Geschäftshäuser entstanden um 1900. Ebenso ist das 2006 komplett restaurierte Omsker Bahnhofsgebäude wegen seiner palastartigen Ausgestaltung ein Juwel. Die Wände sind kunstvoll mit verschiedenen edlen Steinen vertäfelt, geometrische Jugendstilornamentik bildet das Dekor und ein riesiger Glastropfenlüster prangt unter der zentralen Kuppel.

Schnurgerade zieht sich die Weiterfahrt in Richtung Nowosibirsk auf dem längsten kurvenfreien Abschnitt der Transsib dahin. Man könnte beinahe ein wenig ermüden ob der etwa acht Stunden Fahrt, während der man durch eine monotone, steppenartige Landschaft gleitet – die Barabaebene. Diese stark sumpfige Gegend erhielt ihren Namen in Anlehnung an den ursprünglich hier lebenden tatarischen Stamm der Barabinzen.

Ausgedehnte Wohn-, Industrie- und Gewerbegebiete empfangen den Reisenden im Westen von Nowosibirsk; dann überquert der Zug, bevor er den Bahnhof erreicht, die Wassermassen des Ob. Dieser ist mit einer Länge von 5570 Kilometern der längste Strom Sibiriens. An seinem Ostufer beginnt rechter Hand die Flusspromenade, eine beliebte Flaniermeile bei Familien und verliebten Paaren. Auch ein vereinzelter Brückenbogen ist vom Zugfenster aus nicht zu übersehen; er verblieb als Denkmal an die erste Eisenbahnbrücke, der die Stadt ihre Entstehung verdankt. Der anfangs, in der Bauphase der Westsibirischen Eisenbahn, für die Überbrückung des Ob favorisierte Platz befand sich eigentlich weiter nördlich. Bei dieser Variante wäre der Ort Tomsk an die

Linke Seite *Das rustikale Waldkloster Ganina Jama wurde zu Ehren der ermordeten Zarenfamilie am Fundort der Leichen gegründet.*

Links *Im Wandelgang um die Fundstelle sind Fotos von Zar Nikolaj und seiner Familie ausgestellt.*

Oben links *Die High Society Jekaterinburgs leistet sich teure Gräber auf dem Schirokoretschenskoje-Friedhof.*

Oben *Auch die Mafia soll hier ihren verstorbenen Mitarbeitern edle Grabsteine sponsern.*

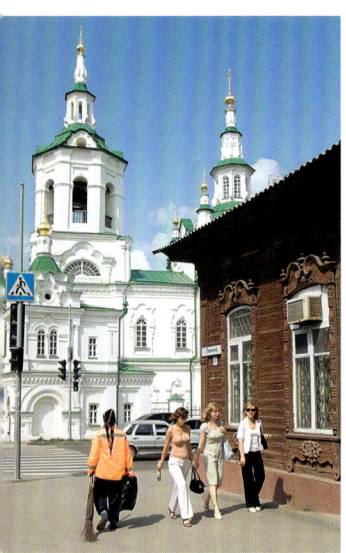

In Tjumen.

RECHTE SEITE OBEN *Brautpaare befestigen ein Schloss an der Brücke und werfen den Schlüssel in die Tura.*

RECHTE SEITE UNTEN *Denkmal für den Sieg über Nazideutschland*

GANZ OBEN LINKS *Die Erlöser-Kathedrale.*

GANZ OBEN RECHTS *Denkmal an die Sowjets.*

OBEN *Der Dom des Dreifaltigkeits-Klosters.*

androwskij. Diesen Namen trug sie zu Ehren von Zar Alexander III., dem Initiator der Großen Sibirischen Bahn. Im Jahr 1898 erfolgte die Umbenennung in Nowo-Nikolajewsk, nachdem der neue Zar Nikolaj II. den Thron bestiegen hatte, und erst seit 1926 heißt die heutige Hauptstadt Sibiriens Nowosibirsk.

Dieser anfänglich kleine Ort wuchs mit atemberaubender Geschwindigkeit zu einem mächtigen Verkehrsknotenpunkt an und bereits im Jahr 1925 lebten hier 120 000 Menschen. Anfang der 1960er Jahre überschritt die Einwohnerzahl die Millionengrenze und inzwischen leben und arbeiten in Nowosibirsk rund 1,5 Millionen Menschen. Die Stadt ist Industrie-, Handels- und Messezentrum und besitzt drei Universitäten, mehrere Akademieinstitute und sage und schreibe 15 Hochschulen. Die meisten wissenschaftlichen Einrichtungen befinden sich im 25 Kilometer südlich von Nowosibirsk gelegenen Akademgorodok, einer gegen Ende der 1950er Jahre aus dem Boden gestampften kleinen Stadt für Wissenschaftler.

Da die Transsib stets der Motor der hiesigen Entwicklung war, verwundert es nicht, dass der Hauptbahnhof das größte Bahnhofsgebäude Sibiriens zu bieten hat. Seine Silhouette erinnert aus der Ferne betrachtet an eine Dampflok. Täglich begeben sich von hier aus etwa 45 000 Passagiere auf Reisen, unter anderem mit der sogenannten Turksib, einem Abzweig nach Kasachstan. Doch nicht nur das Bahnhofsgebäude ist unge-

Transsib angeschlossen worden. Doch der verantwortliche Ingenieur Nikolaj Garinyj-Michajlowskij entdeckte kurzfristig eine südlicher gelegene Stelle, an der der Ob 300 Meter schmaler und das Ufer stabiler war. Die Tomsker sahen das Unheil nahen und haben angeblich dem Ingenieur Schmiergeld geboten, damit er den ursprünglichen Plan verwirklichte. Dieser nahm die Summe zwar dankend an, da er sich aufgrund seiner ausschweifenden Lebensführung stets in Geldnot befand – seine Meinung änderte er hingegen nicht. Am 20. Juni 1893 wurde der erste Stein für die Brücke gelegt.

Während des Brückenbaus, der sich über vier Jahre hinzog, entstand am Ostufer die Arbeitersiedlung Alex-

Fortsetzung S. 83

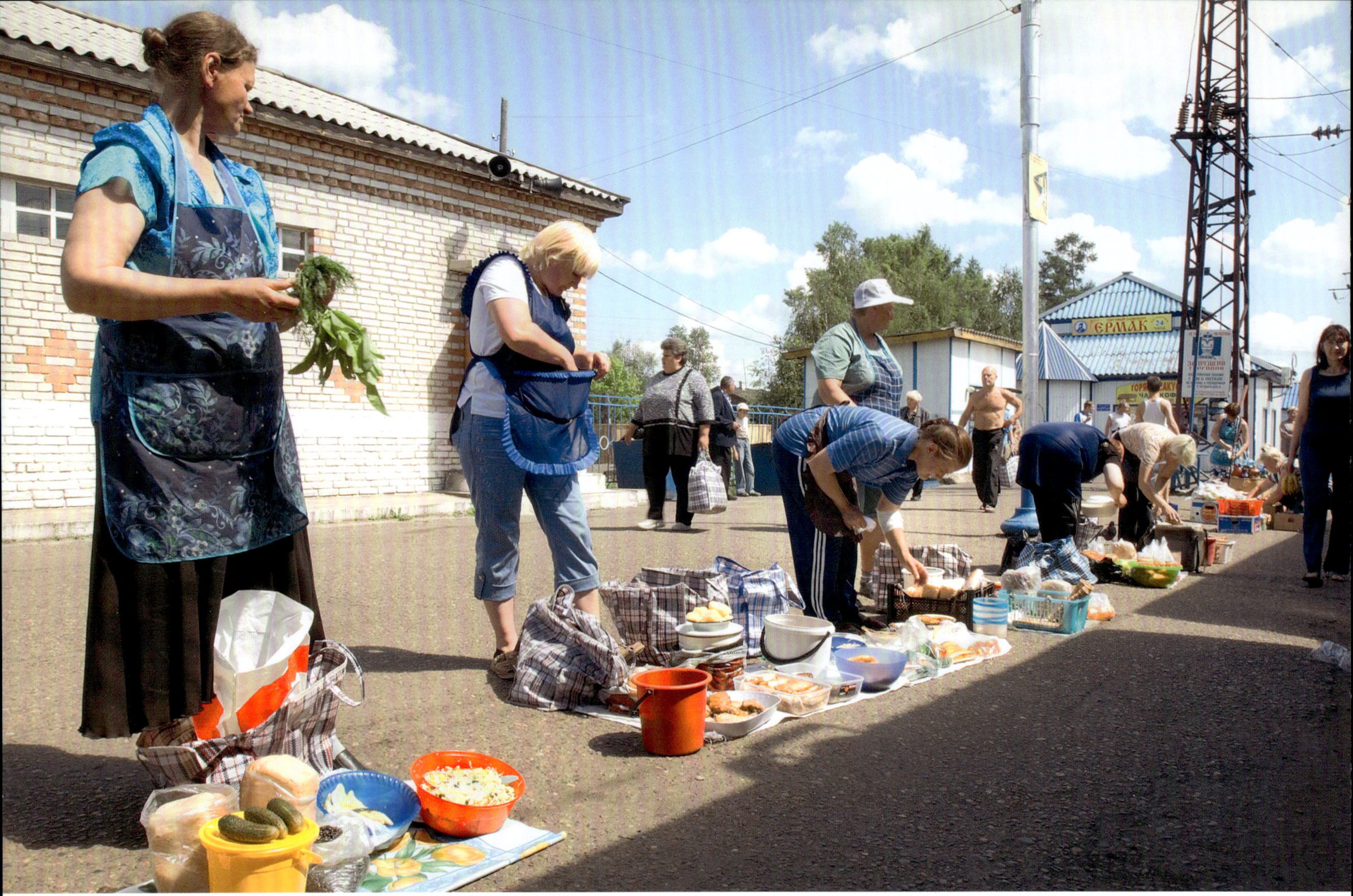
ЕРМАК

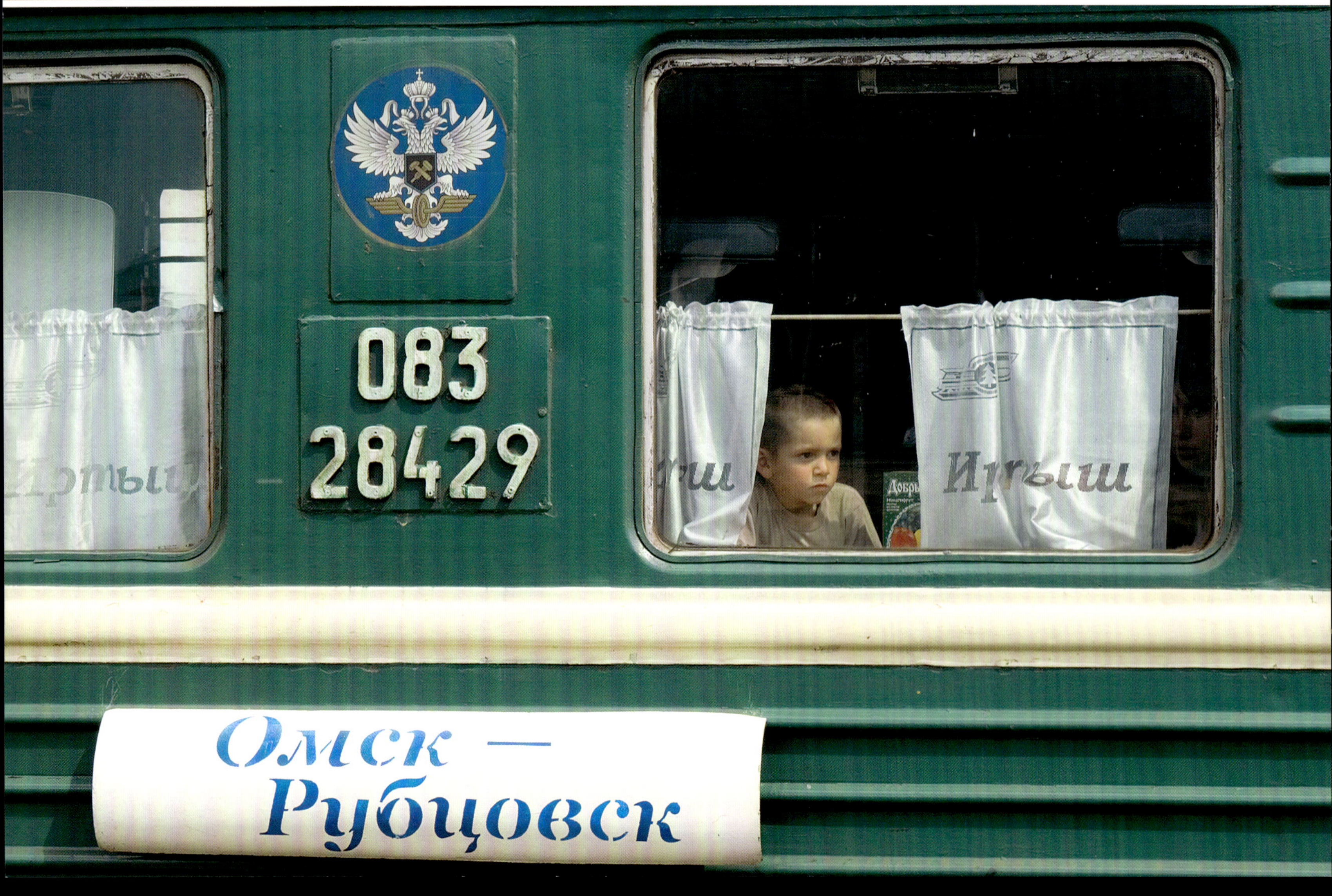
083
28429
Иртыш
Омск —
Рубцовск

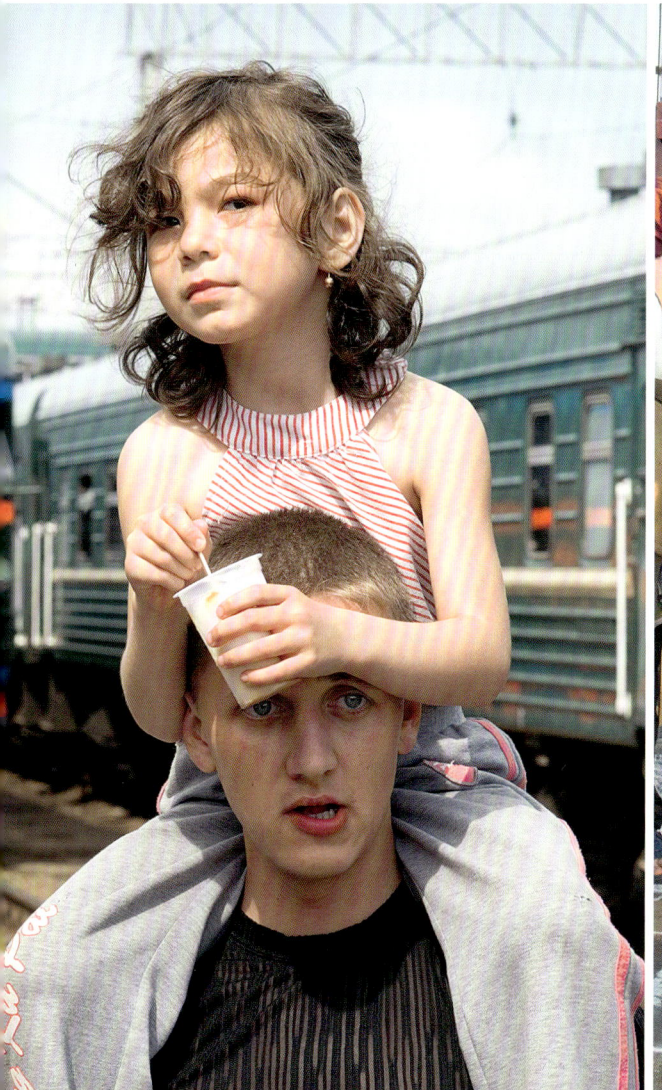

LINKE SEITE OBEN
Leckere Hausmanns-
kost und frisches
Gartengemüse ver-
kaufen Frauen an den
größeren Bahnhöfen.

LINKE SEITE UNTEN
Der Zug »Irtysch«
verkehrt zwischen
Omsk und Rubzowsk.

OBEN Die Waggon-
schaffnerinnen lassen
niemanden, der sich
nicht mit Pass und
Fahrkarte ausweisen
kann, in den Zug.

GANZ LINKS Meist
reicht die Dauer
eines Aufenthalts
für ein Eis auf dem
Bahnsteig.

LINKS Gern decken
sich die Fahrgäste
unterwegs mit
Räucherfisch ein.

Ganz oben *In den Zügen ohne Klimaanlage kann es im Sommer sehr heiß werden.*

Oben *Frischer Fahrtwind sorgt für Abkühlung.*

Rechts *Ankunft am Bahnhof von Tjumen.*

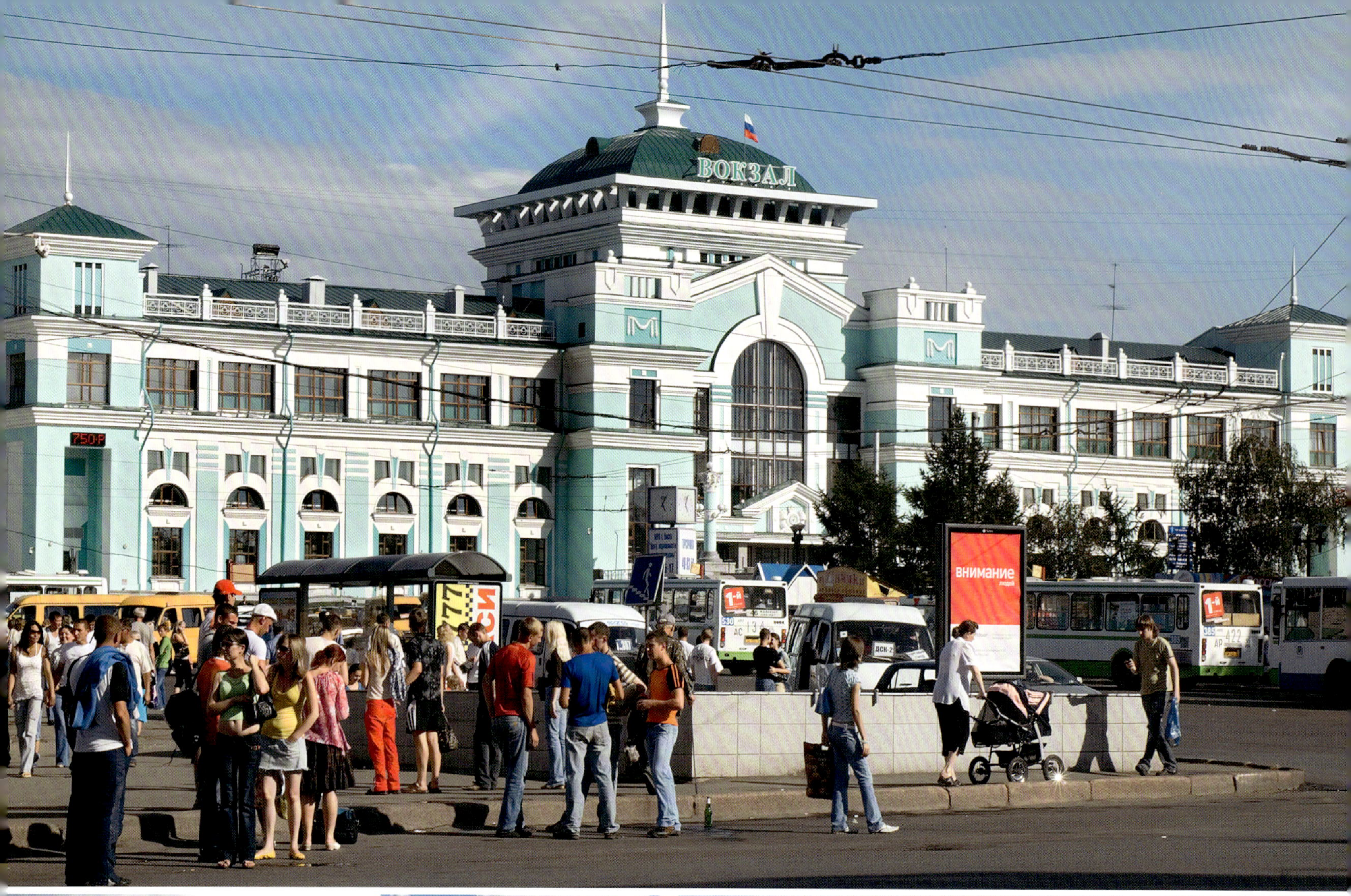
ВОКЗАЛ
внимание

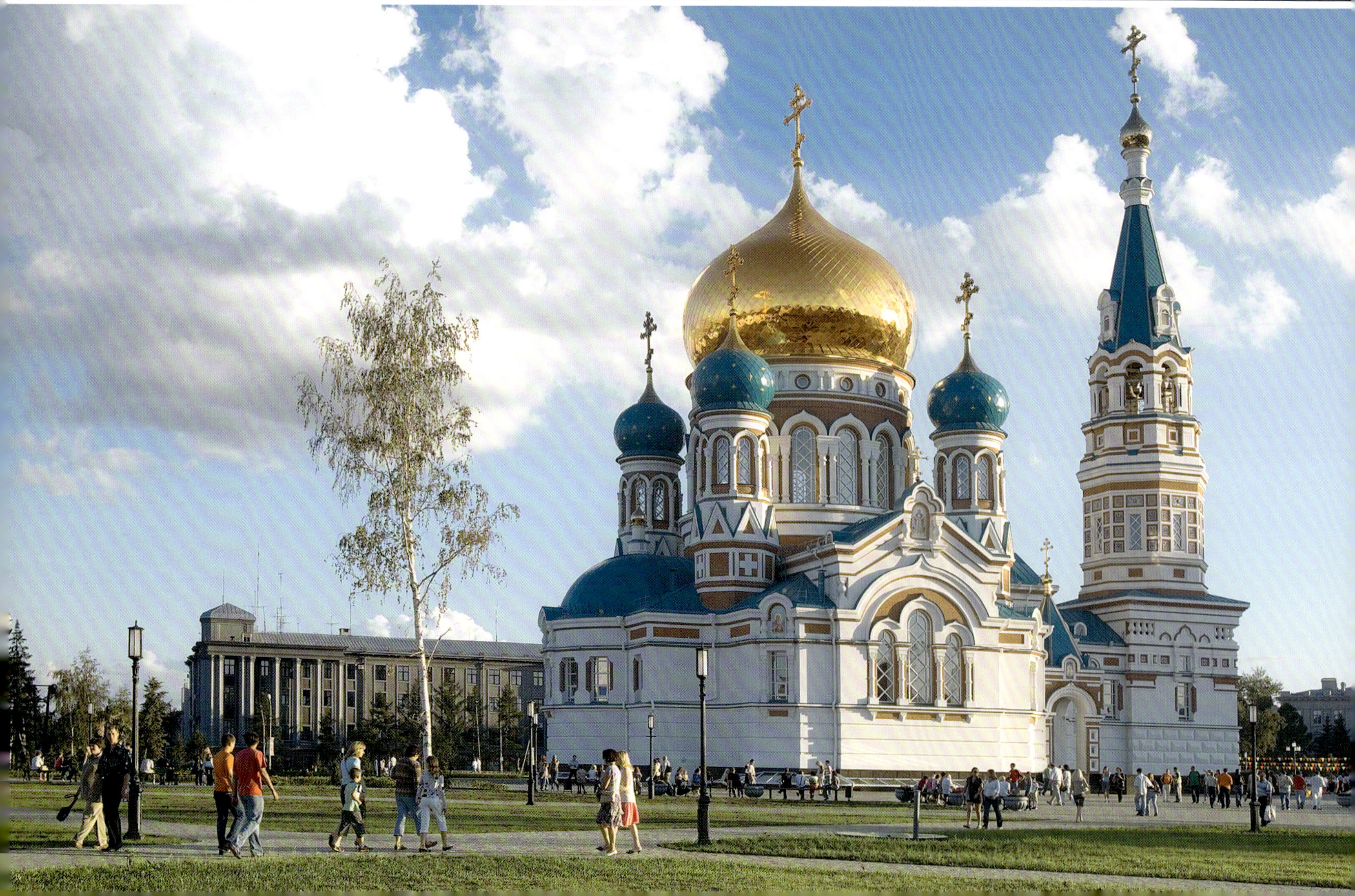

In Omsk.

LINKE SEITE OBEN
*2006 wurde der
Bahnhof Omsk um-
fassend restauriert.*

LINKE SEITE UNTEN
*Der 1935 gesprengte
Mariä-Himmelfahrts-
Dom wurde original-
getreu wieder auf-
gebaut.*

LINKS
*Der Stadtstrand
am Irtysch.*

wöhnlich groß geraten. Überhaupt bietet die Architektur des Stadtkerns ganz andere Dimensionen, als sonst
bei vielen sibirischen Orten üblich. Die breite Bahnhofs-
straße führt direkt auf den riesigen Leninplatz zu mit
dem entsprechenden Monumentaldenkmal. Unüber-
sehbar ist hier das größte Theatergebäude Russlands –
das aus Sowjetzeiten stammende Staatliche Theater für
Oper und Ballett. Scherzhaft wird es »sibirisches Bolschoj« genannt, auch wenn es im Vergleich zum klassi-
zistischen Bolschoj-Theater in Moskau übermächtig und
streng wirkt. Seine Kuppel misst eine Höhe von 35 Metern und hat eine Spannweite von 60 Metern, die Kon-
zerthalle kann 1000, der runde Theatersaal sogar 2100
Besucher aufnehmen. Vor allem nördlich des Leninplat-
zes reihen sich entlang der Hauptstraße, dem insgesamt sieben Kilometer langen Krasnyj-Prospekt, stali-
nistische Monumentalbauten mit düster wirkenden Fassaden. Dazwischen drängen sich hin und wieder
schlichte Wohnblocks aus der Zeit von Stalinnachfolger
Nikita Chruschtschow. Die Sowjetarchitektur würde zu
bedrückend wirken, wären da nicht die Großstädter mit
ihrer bunten Garderobe, die in Einkaufslaune die leben-
dige Geschäftsmeile entlangbummeln. Erfolgreich, mo-

dern und glücklich über die positiven Veränderungen
der letzten Jahre – so die Ausstrahlung des neuen Nowosibirsker.

Östlich der Stadt beginnt schon bald das Mittelsibi-
rische Bergland. Über eine hügelige Landschaft erstre-
cken sich Birkenwäldchen und Wiesen, kleine Flüsse
winden sich durch die Täler. Bald werden die Wälder
dichter, Fichten, Kiefern und Birken mischen sich. Am

Fortsetzung S. 91

GANZ OBEN RECHTS
*Sibirische Sommer
sind in jeder Hinsicht
heiß.*

OBEN *Für ein Erfri-
schungsgetränk nimmt
man das Schlange-
stehen in Kauf.*

TRAUGOTT VON STACKELBERG

»Wir fuhren in den langen Tunnel ein, auf dessen westlicher Seit noch Europa liegt und auf dessen ostwärtiger Seite bereits Asien beginnt. Hier hatten wir den Boden Sibiriens erreicht. Stunden- lang ging die Fahrt durch Wälder und über anscheinend unbebautes Land. Immer seltener wurden die Ortschaften, und nur selten hielt der Zug auf einer kleinen Station, die nur aus wenigen Häuschen bestand, um wieder Holz für die Lokomotive zu laden.«

Geliebtes Sibirien, 1951

Der Nationalpark Stolby bei Krasnojarsk ist berühmt für seine rötlichen Granitfelsen.

VON DAMPFRÖSSERN UND STROMFRESSERN

EISENBAHNGESCHICHTE IN NOWOSIBIRSK

Frisch lackiert und auf Hochglanz gebracht – mit stolzgeschwellter Brust stehen sie alle versammelt, die alten Zeugen der russischen Eisenbahngeschichte, hier, an der kleinen Bahnstation Sejatel am Südrand der Stadt Nowosibirsk. Dampfloks, Strecken- und Rangierdiesellokomotiven, Elektrolokomotiven, elektrische Triebwagen, historische Personen- und Güterwaggons darf im Museum für Eisenbahntechnik der Sammler und Fan bewundern. Alles, was er vielleicht sonst nur en miniature kennt, steht hier im Original. Spannend sind außerdem die Exponate im Bereich der Sondertechnik wie Schneeräumer, Draisinen oder der Waggon für den Transport von flüssigem Roheisen.

Zwei kleine Dampfloks begrüßen die Besucher am Eingang zum Museumsgelände: linker Hand eine mit nur vier Rädern, die auf einem Industriegelände zum Einsatz kam, rechts ein Modell der ersten russischen Lokomotive, die lediglich eine Geschwindigkeit von 16 Kilometern pro Stunde erreichte. Der Mechaniker Miron Tscherepanow konstruierte sie 1834 mithilfe seines Vaters, ohne dass einer der beiden Kenntnisse über die technische Beschaffenheit der

20 Jahre zuvor entstandenen Lok des britischen Eisenbahningenieurs George Stephenson besessen hätte. Die Entwicklung dieser ersten russischen Variante gab den Startschuss für den Lokomotivenbau in Russland. Dennoch mussten drei Jahre später zur Eröffnung der ersten Bahnstrecke von St. Petersburg zum Zarenschloss im Vorort Pawlowsk noch ganze Züge aus dem Ausland gekauft werden.

Zwischen den gewaltigen stählernen Ungetümen, die ordentlich entlang der Bahnsteige aufgereiht stehen, fühlt sich so mancher Museumsgast ein wenig verloren, schließlich wirken die Loks mächtiger als ihre europäischen und amerikanischen Verwandten. Aufgrund ihrer hervorragenden Laufeigenschaften auf der russischen Breitspur von 1520 Millimetern – die weltweit gebräuchlichste Normalspurweite beträgt nur 1435 Millimeter – konnten Waggons

4

5

des Argument: Im Falle eines Angriffs könnte sich der Feind auf den russischen Bahngleisen nicht fortbewegen.

Manche der Dampfloks sind für Interessierte zugänglich. Steht man in so einer kleinen Führerkabine vor den vielen Hebeln, dem verrußten Ofen und den schmalen Sichtfenstern, kann man sich gut ein Bild von der harten Arbeit eines damaligen Lokführers machen. Alle gängigen Dampflokserien sind hier jeweils durch ein Modell vertreten. Manche ihrer Bezeichnungen wirken ein wenig seltsam, wie beispielsweise die der von 1933 an produzierten FD, einer Lok mit

einer für damalige Zeiten unglaublichen Zugkraft von 3000 PS, deren Buchstaben für den Geheimdienstgründer Feliks Dserschinskij stehen. Die Serie L dagegen verdankt ihren Namen ihrem Konstrukteur Lebedjanskij – liebevoll wird sie »Lebedjanka« genannt. 1945 bis 1955 verließen 4199 Exemplare dieser Baureihe die Pro-

1 *Modell der ersten russischen Dampflok von 1834. (Nowosibirsk)* **2** *Links eine tschechische E-Lok TschS4 und rechts eine russische EP10 am Kasaner Bahnhof.* **3** *Modell der ersten russischen Dampflok von 1834. (Jekaterinburg)* **4** *Kontraste im Nowosibirsker Eisenbahnmuseum: eine winzige, nur 6,6 Tonnen schwere Dampflok für den Industrieeinsatz neben einer mächtigen P36, einer Lok für Reisezüge.* **5** *An russischen Loks wirken auch die Details überdimensioniert.*

und auch Loks größer gebaut werden. Schon in den 1840er Jahren gelang es amerikanischen Breitspurverfechtern, die Mitglieder der technischen Kommission Russlands von der breiteren Variante zu überzeugen. Diese würde mehr Stabilität bringen, höhere Geschwindigkeiten zulassen und auf schlechten Untergründen mehr Sicherheit bieten. Ein weiteres ausschlaggeben-

1

duktionshallen – von keiner russischen Dampflok wurden größere Stückzahlen hergestellt.

Doch ebenso wie die steinalten Dampfrösser verdienen die zum Teil genauso bejahrten Diesellokomotiven Beachtung. Auch wenn erst 1924 die erste einsatzfähige Diesellok der UdSSR mit der Bezeichnung »Schtschel-1« gebaut wurde – das Projekt an sich ist etliche Jahre älter: Schon 1905 entwickelten der Ingenieur Kusnezow und der Oberst Odinzow eine Diesellok mit Elektroantrieb. Viel Zeit ging ins Land, bis sich um 1965 der Übergang zu dieser Technik endlich beschleunigte. Die bekanntesten Serien liefen unter den Kürzeln TE, TEP und 2M62. Bis 1973 wurde die Reihe TE in verschiedenen Folgeversionen hergestellt, insgesamt über 10 000 Loks, womit Russland zum weltgrößten Diesellokhersteller avancierte. Die DDR zum Beispiel importierte die TE109, die von den ostdeutschen Eisenbahnern den Spitznamen »Taigatrommel« verliehen bekam. Das T steht dabei für *Teplowos* (Diesellok) und das E für die elektrische Übertragung – im Gegensatz zu TG, wo das G auf eine hydraulische Übertragung hinweist. Letztere konnte sich jedoch aufgrund des strengen Klimas kaum durchsetzen und fand lediglich bei Rangierloks ihre Verbreitung.

Die Geschichte der russischen Elektrolokomotiven reicht sogar noch weiter zurück als die der Dieselloks: Bereits 1876 installierte F. A. Pirozkij einen Elektromotor in einem Personenwaggon und vier Jahre später baute er eine erste Teststrecke. Die Kommunistische Partei beschloss immerhin schon 1931, alle Hauptstrecken zu elektrifizieren – dennoch dauerte

2

es bis zum Jahr 2002, bis endlich die gesamte Transsib durchgehend an das Stromnetz angeschlossen war.

Von 1932 an beherrschten elektrische Güterloks mit der Bezeichnung WL die Produktion, deren Namensgeber kein Geringerer als Wladimir Lenin war. Die Nachfolger der WL sind die seit 2005 in Serie gefertigten, besonders sparsamen, aber auch leistungsstarken Loks der Baureihe 2ES. Personenzüge im Fernverkehr betreibt man bis heute größtenteils mit tschechoslowakischen E-Loks; im Kurzstreckenverkehr sind diese jedoch zu schwerfällig und werden deshalb durch Triebwagen ersetzt.

Einen faszinierenden Einblick in vergangene Zeiten gewähren auch die uralten Passagierwaggons. Beim Bau der frühesten russischen Personenwagen hatten sich die Konstrukteure noch an amerikanischen und europäischen Vorbildern orientiert, kamen jedoch schnell zu der Erkenntnis, dass diese den langen Fahrzeiten und den strengen russischen Wintern nicht gerecht wurden. Schon 1869 erließ man daher Richtlinien für den Waggonbau, die unter anderem eine Heizung und Liegemöglichkeiten vorschrieben. Die restaurierten Museumsstücke in Sejatel erlauben Einblicke in alle Komfortstufen: von den rohen Holzbänken der vierten Klasse bis zu den

weichen Polstern, Samtvorhängen und Seidentapeten der ersten Klasse – ein Anblick, bei dem man ins Träumen gerät, von einer Zeit, in der Bahnfahren noch Luxus war.

1 *Die Ausmaße des Schneepflugs »Taran« sind dem russischen Klima angepasst.* **2** *Die Diesellok TEP10 trägt den Kosenamen Strela – der Pfeil.* **3** *Die FD, benannt nach Geheimdienstgründer Feliks Dserschinskij, dampfte von 1933 an über russische Gleise.* **4** *Die E-Lok WL (Wladimir Lenin) wurde in verschiedenen Folgeversionen über 70 Jahre lang produziert.*
5 *Armaturen am Führerstand einer Dampflok.*
6 *Triebwerk einer Damplok im Museum für Eisenbahntechnik in Nowosibirsk.*

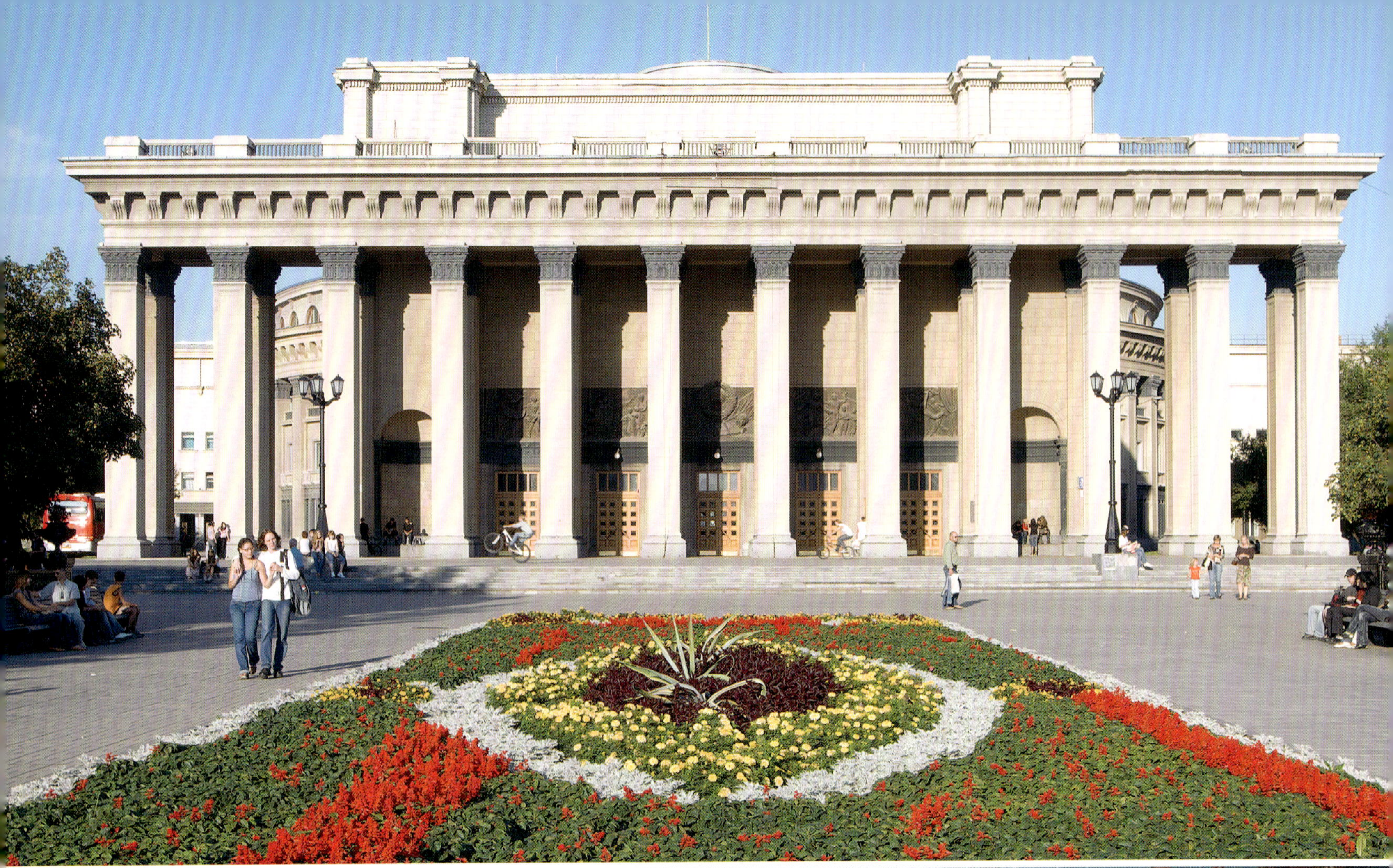

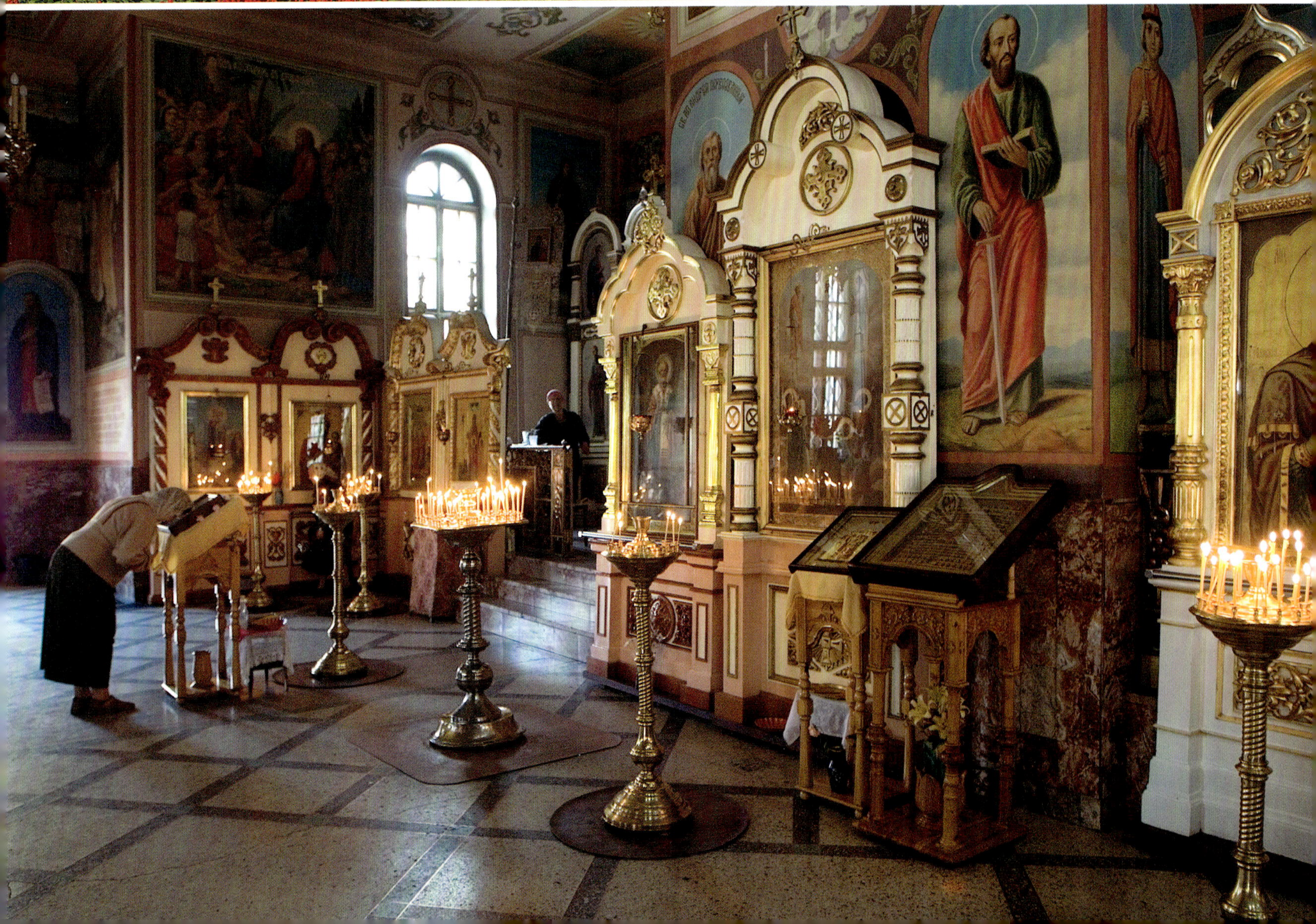

Nowosibirsk.
Linke Seite oben *Das staatliche Opern- und Balletttheater.*

Linke Seite unten *In der Christi-Himmel-fahrtskathedrale küsst eine Babuschka die Ikone des Tages*

Bahnhof von Jurga, etwa 150 Kilometer von Nowosibirsk entfernt, zweigt eine Eisenbahnstrecke in Richtung Süden ab zum »Kusbass«. Der seltsame Name ist eine Abkürzung für Kusnezkij Bassejn – das Kusnezker Becken. Die hier reichlich vorhandene Steinkohle wird großflächig abgebaut und weiterverarbeitet. Anfang der 1990er Jahre streikten bei Anschero-Sudschensk an der Transsib, 100 Kilometer östlich von Jurga gelegen, die ersten Kusbassarbeiter aufgrund leerer Geschäfte und nicht gezahlter Löhne. Jahrelang blieben die Streiks wirkungslos, bis 1998 ganze Familien für vier Tage eine Zeltstadt auf den Gleisen errichteten und den Zugverkehr lahmlegten. Seitdem werden die Löhne wieder regelmäßig gezahlt und die Geschäfte sind mit Waren gut gefüllt. Dennoch machte das Kusbass 2007 erneut Schlagzeilen, als bei einem Grubenunglück mehr als 100 Menschen ums Leben kamen.

Dass Krasnojarsk naht, erkennt man an den Siedlungen bunt gestrichener Wochenendhäuschen, die sich beidseitig des Bahndamms die Hänge hinaufziehen. Vor diesen sogenannten Datschen werden kleine, ordentliche Gärten bewirtschaftet – sie versorgen ihre Besitzer aus der Großstadt mit Obst und Gemüse und helfen ih-

nen so über schlechte Zeiten hinweg. Eine Datscha (Gabe) war ursprünglich ein Geschenk eines russischen Herrschers an seine aristokratischen Untertanen in Form eines kleinen Landbesitzes. Nach der Reform von 1861, als Boden käuflich erwerbbar wurde, wandelte sich die Datscha zum Sommersitz begüterter Familien. Doch die Tendenz, sein kleines Stück Erde zur Selbstversorgung zu nutzen, setzte sich wenige Jahrzehnte später im So-

Ganz oben links *Nowosibirsk ist Ausgangspunkt der Turksib nach Mittelasien.*

Oben *Der öffentliche Nahverkehr ist in sibirischen Städten gut ausgebaut und preisgünstig.*

OBEN *Sonnenbrillen-verkauf vor dem Hotel Nowosibirsk – so lässt sich der Anblick der kommunistischen Architektur besser ertragen.*

OBEN RECHTS *Die Nikolsker Kapelle steht für den Mittel-punkt Russlands, was geografisch jedoch nicht haltbar ist.*

RECHTS *In Nowosi-birsk sind sogar die Denkmäler wuchtiger als anderswo.*

zialismus durch. Oft sieht man die Datschniki an winzigen Stationen auf den Vorortzug warten, in abgenutzten Hosen, mit Kopftüchern und randvollen Körben. Zu Hause werden sodann die Einweckgläser gespült und die Regale füllen sich mit den leckersten Wintervorräten.

Hier und da reißt an den Berghängen der Bewuchs auf und darunter schimmert die für diese Region so typische rote Erde hervor, die ausschlaggebend für die Namensgebung von Krasnojarsk war. Als der Kosaken-führer Andrej Dubenskij 1628 am Fluss Jenissej ein *ostrog* – eine Festung – gründete, nannte er dieses Krasnyj Jar, »rotes Steilufer«. Heutzutage ist Krasnojarsk die drittgrößte Stadt Sibiriens, in der 930 000 Menschen le-

JERMAK, DER SIEGREICHE

Im 15. Jahrhundert gründeten tatarische Stämme im Zuge des Zerfalls des mongolischen Großreichs das Khanat Sib-Ir. Als die privilegierte russische Kaufmannsfamilie Stroganow ein gutes Jahrhundert später im und hinter dem Ural Siedlungen errichten ließ, blieben Überfälle der dort ansässigen Tataren nicht aus. Die Stroganows baten daraufhin Iwan IV., ein Heer zu deren Bekämpfung zusammenstellen zu dürfen, was der Zar genehmigte. Ein Kosake, ein freier Krieger namens Jermak Timofejew erklärte sich mit seinem Gefolge von mehreren Hundert Mann zum Kampf gegen das Khanat bereit. 1582 zogen sie mit Schiffen über den Ural und im Jahr darauf fand die entscheidende Schlacht um die Tatarenhauptstadt Isker am Fluss Tobol statt. Khan Kutschum ergriff letztlich die Flucht und die siegreichen Kosaken zogen in die Stadt ein. Zwei Jahre später kam Jermak auf ungeklärte Weise ums Leben, blieb jedoch bis heute für das russische Volk unsterblich.

ben. Die Industriestadt besitzt unter anderem die weltweit zweitgrößte Aluminiumhütte, was starke Umweltbelastungen zur Folge hat. Dennoch macht die Stadt einen guten Eindruck, denn das architektonisch interessante Stadtgefüge wird dekorativ von grasbewachsenen oder dicht bewaldeten Berghängen umrahmt. Auf dem nordwestlichen Karaulnajahügel entstand 1845 die schlanke Paraskewakapelle, das Wahrzeichen der Stadt. Von hier oben genießt man eine weite Aussicht über Häuser, Kirchen und den eindrucksvollen Jenissej. Der Name dieses mächtigen Flusses entstammt der Sprache der Ewenken, eines in der Gegend lebenden Volksstammes, und bedeutet »breites Wasser«. Tatsächlich weist er eine beachtliche Durchschnittsbreite von einem Kilometer auf und gilt als der wasserreichste Strom Russlands. »(...) ich habe in meinem Leben keinen großartigeren Strom als den Jenissej gesehen. Während die Wolga zwar eine schmucke, bescheidene und melancholische Schönheit ist, erscheint der Jenissej als mächtiger, unbezähmbarer Recke, der nicht weiß, wohin mit seiner Jugend und Stärke.« So rühmte ihn der Schrift-

steller Anton Tschechow Ende des 19. Jahrhunderts auf seiner Reise zur Insel Sachalin.

Parallel zum Jenissejufer staffeln sich die drei Magistralen Marx-, Friedens- und Leninstraße, die gemeinsam mit den sie durchkreuzenden Straßen das großzügig angelegte Zentrum bilden. Hier erwartet den Besucher eine Mischung aus hübschen Holzhäusern, großformatiger eklektizistischer Steinarchitektur und überdimen-

Auf dem Zentralmarkt in Nowosibirsk.

OBEN LINKS *Hätte dieser Hund Geld, wäre er der beste Kunde.*

OBEN *Nicht nur der Anblick von Fisch und Kaviar soll appetitlich sein, auch die Verkäuferinnen wollen gut aussehen.*

LINKS *Ein offenes Lächeln ist besonders verkaufsfördernd.*

BORIS PASTERNAK

»Wie luftige Schmetterlinge,
vom Morgen berührt,
zitterten die Straßenlaternen.
Leise sprach ich zu Dir
Wie die schlafende Ferne.«

Aus: *Weiße Nacht*

*Die Promenade am Obufer lädt
zum romantischen Spaziergang ein.*

1891 über den Jenissej gebracht, als er von der Grundsteinlegung der Transsibirischen Eisenbahn aus Wladiwostok heimkehrte. Sechs Jahre darauf transportierte der Dampfer den jungen Wladimir Lenin flussaufwärts in seinen Verbannungsort Schuschenskoje.

Heute befordern die Flussschiffer lediglich noch Güter oder ausflugswillige Touristen über das Wasser. Will man jedoch nach den vielen Stunden des Sitzens im Zug lieber einmal richtig aktiv werden, so empfiehlt sich eine Tageswanderung durch die Bergtaiga im nahen Nationalpark Stolby. *Stolb* bedeutet zu Deutsch Pfahl und tatsächlich ragen aus dem dichten Nadelwald über 80 rötliche Granitfelsen pfahlartig bis zu 100 Meter in die Höhe. Regen, Wind und Frost haben aus ihnen bizarre Formen herausgeschliffen, die die Menschen zu fantasievollen Namen wie *schaba* (Kröte), *tschertow palez* (Teufelsfinger) oder *greschnik* (Sünder) anregten.

Man verlässt die sympathische Stadt über den Jenissej, überquert somit die Grenze zwischen West- und Ostsibirien und erlebt zum Abschluss noch eine der großen Attraktionen von Krasnojarsk aus nächster Nähe: die berühmte Jenissejbrücke. Auf der Pariser Weltausstellung im Jahr 1900 erhielt die neuartige Stahlkons-

sionierten Gebäuden aus jüngerer Zeit. Zudem hat Krasnojarsk einiges an guter Kultur zu bieten, beispielsweise das Heimatkundemuseum mit seiner anschaulichen Ausstellung über die einheimischen Völker im Jenissejgebiet. Auch die Surikow-Gemäldegalerie sowie das Hausmuseum des in Krasnojarsk geborenen, bedeutenden Historienmalers Wassili Surikow (1848 bis 1916) sollte man sich nicht entgehen lassen. Das Dampfschiff »St. Nikolaj« ist gleichermaßen einen Besuch wert: Mit diesem wurde der Zarewitsch Nikolaj II.

Auf dem Kosakenfestival in Mariinsk bei Nowosibirsk werden alte Traditionen aufrechterhalten.

Linke Seite oben *Für die Nachfahren jener freien Krieger gehören Pferde zum guten Ton.*

Linke Seite unten *Kosaken haben eine eigenständige Musiktradition.*

Linke Seite unten rechts *Hinter der Bühne muss der junge Künstler keine gute Laune demonstrieren.*

Oben Links *Kritisch wird die Darbietung der Mitstreiter betrachtet.*

Links und oben rechts *Stolz, mutig und kämpferisch – so sehen sich die Kosaken.*

In Krasnojarsk.

OBEN *Das Hotelschiff »Majak« am Flussbahnhof am Jenissej.*

OBEN RECHTS *Frühlingsgefühle vor den verschneiten Markthallen.*

RECHTS *Im Heimatkundemuseum präsentieren sich Sibiriens wahre Ureinwohner: Mammut und Wollnashorn.*

RECHTE SEITE OBEN *Seit dem Bau des Staudamms im 40 Kilometer entfernten Diwnogorsk friert der Jenissej in Krasnojarsk nicht mehr zu.*

RECHTE SEITE UNTEN *Regionalzüge warten auf Abstellgleisen auf ihren Einsatz.*

truktion eine der zwei begehrten Goldmedaillen, und – welche Ehre – zusammen mit der Paraskewakapelle ist sie auf dem aktuellen Zehnrubelschein abgebildet.

Die letzte Datschensiedlung hinter Krasnojarsk bleibt zurück und die Gleise führen durch waldreiche Hügellandschaften zur kleinen Stadt Tajschet; hier zweigt die Baikal-Amur-Magistrale ab, eine durchaus empfehlenswerte Alternativstrecke für Naturliebhaber. Für zwei, drei Stunden hat der Reisende nun einen traumhaften Blick gen Süden, wo malerische, sanft geschwungene Bergketten den fernen Horizont beherrschen – die Ausläufer des Sajangebirges.

Etwa 150 Kilometer vor Irkutsk, im Tal des Jenissej-Nebenflusses Angara, wird das Land flach. Die fruchtbaren Ebenen erlauben eine einträgliche Landwirtschaft. Die touristisch weniger interessanten Orte wie Tscheremchowo, das Zentrum des Kohlebergbaus, die sibirische Salzhauptstadt Ussolje-Sibirskoje und die junge Industriestadt Angarsk passiert der Zug, um schließlich in die wohl schönste Stadt Sibiriens einzufahren: Irkutsk.

KEKSE, BORSCHTSCH UND KAVIAR
RUSSISCHE GESCHMACKSERLEBNISSE

1

»Auf allen größern Stationen gab es Büfetts und auf den Bahnsteigen offene oder nur mit Sackleinwand- oder Bretterdach geschützte Verkaufsstände. Hier verkauften gut in Pelze gehüllte Bauern und Bäuerinnen sehr fette Milch in Flaschen, Käse, Butter, frisches Brot, gebratene Enten, Gänse und Rebhühner, Eier und andere Sachen. Mehrere Fahrgäste meines Wagens zogen diese Stände dem Speisewagen vor.«
Sven Hedin, »Von Peking nach Moskau«, 1923

Zuerst kommen die Tüten, groß und bis an den Rand gefüllt mit Leckerbissen. Dann schwingt sich deren russischer Besitzer ins Abteil, richtet sich häuslich ein, und bald ist das Abteiltischchen mit Töpfen, Keksschachteln und Teetassen überladen. Viel und ausgiebig zu speisen, ist für einen reisegewohnten Russen bei seinen langen Bahnfahrten Pflicht und Kür. Allein zu es-

sen, ist allerdings verpönt, und so werden die meist hausgemachten Delikatessen auch gern den Abteilgenossen angeboten; schnell kommt man sich bei Wurstbroten, sauren Gurken und gesalzener Äsche näher.

Das Zugrestaurant meiden die Russen meist, es ist ihnen zu teuer und außerdem sind nur in den besseren Zügen überzeugende Geschmackserlebnisse zu erwarten. Ein paar wohlhabendere Passagiere wagen sich vielleicht dorthin, manche auf der Suche nach einem Gesprächs- oder Trinkpartner, andere, um Ruhe vor den Mitreisenden zu finden und Kleinigkeiten zu sich zu nehmen. Ein Ausländer findet sich zwischen den auf der Speisekarte aufgeführten Fleischsorten und Beilagen nur mit guten Russischkenntnissen zurecht. Verbringt man allerdings seine Reise in einem der guten Züge oder gar in einem Sonderzug, sollte man sich auf kei-

2

nen Fall die klassische russische Küche des Restaurants entgehen lassen – gehaltvoll, selten vegetarisch und dreimal täglich warm. Zum Frühstück gibt es beispielsweise *bliny* (gefüllte Pfannkuchen), *kascha* (Getreideflockenbrei) oder *syrniki* (Quarkbratlinge), zum Mittagessen und Abendbrot werden jeweils drei Gänge serviert. Als Vorspeise reicht man gern mit Mayonnaise angemachte Salate, kalten Fisch, Kaviar oder Suppen wie die Klassiker *borschtsch* (Rote-

4

5

6

7

keiten wie Instantnudelsuppen oder schwarzen Tee, ohnehin der Dauerbrenner während der Fahrt. »Popjom tschaju?« – »Trinken wir einen Tee?« So fordert man seine Mitreisenden zum gemütlichen Schwätzchen am Fenster auf. Man spendiert einen Teebeutel und bedient sich am Samowar mit kochend heißem Wasser. Dazu werden Zirbelnüsse oder Sonnenblumenkerne geknackt. Kulinarisch gesehen befriedigt dies auf der mitunter tagelangen Fahrt leider nicht dauerhaft.

Zum Glück gibt es an den Bahnhöfen alte Frauen, die sich der Probleme der Langzeitreisenden annehmen. Sie backen und kochen zu Hause *piroschki* (lockeres, gefülltes Gebäck) oder *pelmeni* (Maultaschen), bereiten Salate zu und verpacken ganze Mittagsportionen in Folie. Und natürlich werden auch die regionalen Spezialitäten angeboten: So gibt es in Barabinsk in der Westsibirischen Tiefebene *ikra scharennaja* (Kaviarfladen) und am Baikalsee den beliebten geräucherten *omul*. Pünktlich zur Ankunft der Personenzüge rollen die *babuschki* ihre heißen Leckereien sowie Nüsse, Beeren und selbst gezogenes Gemüse auf Karren zum Bahnsteig, stehen dann einträchtig nebeneinander und erwarten den Ansturm ihrer scheinbar ausgehungerten Kundschaft. Doch für diese gehört das stete Essen schlicht zum Beschäftigungsprogramm. Und da es den Reisenden an Bewegung mangelt, wird nach wenigen Tagen schon offensichtlich: Eine Fahrt auf der Transsib eignet sich einfach nicht für eine Diät.

Bete-Suppe) und *soljanka* (Fleischsuppe). Dazu steht grundsätzlich Brot auf dem Tisch. Das Hauptgericht besteht traditionell aus Fleisch oder Fisch mit einfachen Beilagen und beim Nachtisch sind der Fantasie des Küchenchefs keine Grenzen gesetzt. Den eigentlichen Abschluss einer Mahlzeit bildet aber der obligatorische Tee.

Ganz anders auf den fahrplanmäßigen Zügen der Transsib: Wenn nach ein bis zwei Tagen die persönlichen Vorräte zur Neige gehen, wird der Fahrgast bei den Waggonschaffnern notdürftig nachrüstet. Aus ihrem winzigen Dienstabteil heraus verkaufen sie abgepackte Kleinig

1 *Mittagsmahl im Speisewagen des Sonderzugs »Zarengold«.* **2** *Wohltuender Reisebegleiter – heißer Tschaj, Schwarztee aus dem Samowar.* **3** *Essen hält Leib und Seele zusammen: liebevolle Grüße aus der Küche.* **4–7** *Kaviar und Moosbeerenwodka, Pfannkuchen, Schwarztee und Omulfisch – Man genießt die besten Delikatessen.*

DIE PERLE SIBIRIENS

MIT DER BAIKALBAHN VON IRKUTSK NACH ULAN-UDE

RECHTE SEITE OBEN *Eisblumenpracht verschönt die langen Wintermonate (links).*

Fröhlicher Gesang bei der »Butterwoche« Masleniza, einer Art Frühlingsfest (Mitte).

Das Museumsschiff »Angara« brachte einst Transsibpassagiere über den Baikal (rechts).

OBEN *Führung durch den Maschinenraum der »Angara«.*

RECHTS *Viele Wege führen zum Irkutsker Hauptbahnhof.*

Langsam rollt der Zug an der majestätisch wogenden Angara entlang, während sich am gegenüberliegenden Ostufer bereits die Altstadt von Irkutsk ausmachen lässt. Dort drüben liegt das »Paris Sibiriens«, eine 600 000-Einwohner-Metropole. 1890 notierte der Schriftsteller Anton Tschechow in seinem Reisetagebuch: »... eine vortreffliche Stadt. Vollkommen intellektuell. Theater, Museum, der Stadtgarten mit Musik, gute Hotels. Es ist besser als Jekaterinburg und Tomsk. Ganz wie Europa.« Schon wenige Jahrzehnte, nachdem Kosaken den Stützpunkt Irkutsk 1661 zu einer ständigen Festung ausgebaut hatten, entwickelte sich der Ort zu einem lebendigen Handelszentrum für sibirische Pelze sowie Seide aus China. Sie häufte Wohlstand an und stieg zur Vorzeigestadt Sibiriens auf. Sogar zu Sowjetzeiten, als viele Städte für Ausländer unzugänglich waren, blieb Irkutsk ein klassisches Ziel für Touristen aus aller Welt.

Am Westufer der Angara liegt das lang gestreckte, historistische Bahnhofsgebäude von 1907 mit seinen Säulen, Pilastern und viel geometrischem Stuck. In einer Ecke des ersten Kassenraums hängt unauffällig eine Gedenktafel für den Admiral Alexander Koltschak (1874–1920), der sich als Flottenführer und Polarforscher im zaristischen Russland einen Namen gemacht hatte, um sodann als Führer der Weißen Bewegung im Bürgerkrieg einen eher zweifelhaften Ruhm zu erwerben. Als sich der Sieg der Roten Armee abzeichnete, floh Koltschak mit einem Zug voller Gold aus der Schatzkammer des Zaren von Omsk in Richtung Osten. Am Irkutsker Bahnhof wurde er von Rotarmisten im Januar 1920 gestellt und verhaftet – das Gold verschwand allerdings auf Nimmerwiedersehen. Zwei Wochen später erschoss man den Admiral am Flussufer und ließ seinen Leichnam in der Nähe des Snamenskij-Doms in einem Eisloch verschwinden. Vor dem Dom glänzt heute ein 2004 von einem neureichen Russen gestiftetes Denkmal zu seinen Ehren.

Auf dem Gelände des Doms bestattete man dereinst auch einige Dekabristen (abgeleitet von *Dekabr*, Dezember) wie Betschasnow, Muchanow und Panow sowie weitere der adeligen Verbannten, die zu Beginn des 19. Jahrhunderts für soziale Gerechtigkeit eingetreten waren. Im Dezember 1825 hatten sie während der Vereidigung der Armee auf den neuen Zaren Nikolaj I. einen Aufstand gewagt, der jedoch niedergeschlagen wurde und mit ihrer Verhaf-

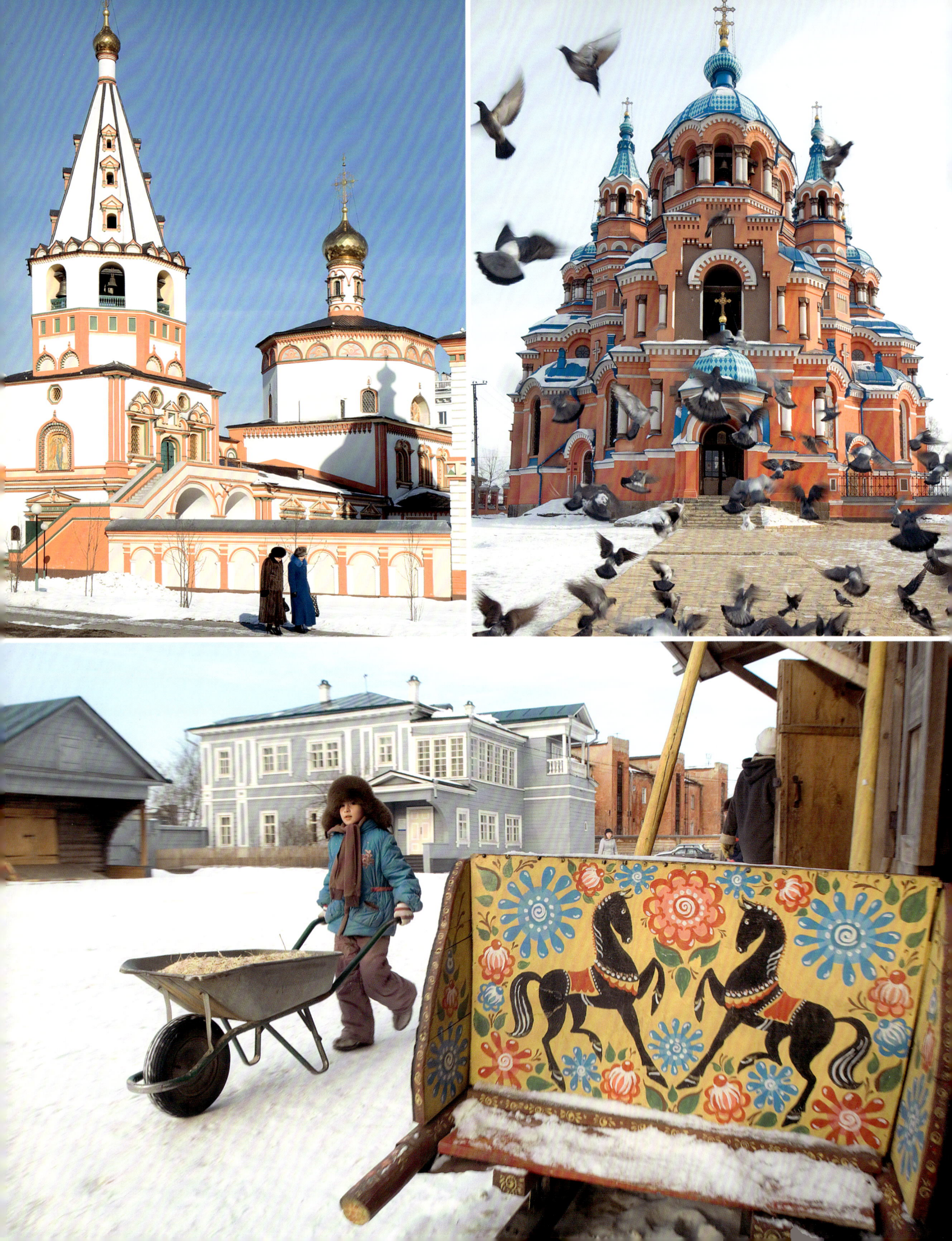

tung endete. Für 121 Dekabristen lautete das Urteil Zwangsarbeit und lebenslange Verbannung nach Sibirien. Nach ihrer Entlassung aus den Arbeitslagern Transbaikaliens siedelten sich dann viele dieser zur *Intelligenzija* Russlands gehörenden, wissenschaftlich, philosophisch und künstlerisch hoch gebildeten Exilanten in Irkutsk an und trugen erheblich zur kulturellen Entwicklung der Stadt bei.

Die ehemaligen Wohnhäuser der beiden Dekabristen und Fürsten Wolkonskij und Trubezkoj wurden zu Museen umgewandelt. Diese prächtigen Holzbauten sowie der gesamte Stadtteil, in dem sie sich befinden, ste-

hen heute unter Denkmalschutz. Überhaupt ist es vor allem die gut erhaltene Holzarchitektur, die den ältesten Vierteln der Stadt ihren einmaligen Charme verleiht. Seit der Mitte des 19. Jahrhunderts, als Irkutsk noch der größte Ort Sibiriens war, ließen wohlhabende Bauherren ihre hölzernen Häuser mit aufwendigem Schnitzwerk verzieren. Nachdem aber 1879 ein schrecklicher Großbrand in der Stadt wütete, entschied man sich dafür, wenigstens die wichtigsten Gebäude zukünftig aus Stein zu errichten. In der Folge entstanden neben Hotels und zahlreichen Kaufmannsvillen so prunkvolle Bauten wie das 1893 fertiggestellte neomaurische Heimatmuseum, das Dramentheater im neoklassizistischen Stil (1897) und die vom Jugendstil beeinflusste Russisch-Asiatische Bank von 1912. Noch heute beeindruckt viele Besucher diese wohlsituierte Stilvielfalt aus der Wende zum 20. Jahrhundert.

Einen besonderen Aufschwung bescherte der Stadt ihre Anbindung an die Transsibirische Eisenbahn. Am 16. August 1898 begrüßten die Irkutsker mit Musik und inbrünstigem »Urrrraa!« den ersten Zug, dessen Lok daraufhin einen so ohrenbetäubenden Pfeifton ausstieß, dass die unbedarften Bürger sich vor Schreck zu

In Irkutsk.

LINKE SEITE OBEN LINKS *Die Gott-Erscheinungs-Kathedrale von 1724 ist ein Vorbote des sibirischen Barock.*

LINKE SEITE OBEN RECHTS *Die Kirche der Kasaner Gottesmutter wurde zu Sowjetzeiten als Buchlager und Kurszentrum genutzt.*

LINKE SEITE UNTEN *Auf dem ehemaligen Anwesen des Dekabristen Wolkonskij erlernen Kinder den Umgang mit Pferden.*

OBEN LINKS *Die Wolkonskijs waren fürstlich eingerichtet.*

LINKS *Der Eingangsbereich jenes Hausmuseums.*

OBEN *Das neoklassizistische Bahnhofsgebäude von 1907.*

GANZ OBEN *Jahr für Jahr findet im Februar ein Langlaufwettbewerb auf der zugefrorenen Angara statt.*

RECHTS *Jeder kann mitmachen, sobald er auf Skiern stehen kann.*

OBEN *Für die ganz Kleinen findet sich auch eine Lösung.*

Boden warfen. Die Begeisterung für die Bahn hat sich bis heute in der Bevölkerung erhalten: Nicht wenige Kinder lassen sich ab der sechsten Klasse nachmittags zum Maschinistenhelfer ausbilden – an der speziellen Kindereisenbahn auf der in der Angara gelegenen »Insel der Jugend«. Erwachsene können sich dort in der Station Solnetschnaja (»die Sonnige«) eine Fahrkarte kaufen und mit den verkleinerten Ausgaben der Züge »Sibirjak« und »Bajkal« um das halbe Eiland fahren.

Die meisten Sibirienreisenden unternehmen von Irkutsk aus ihren ersten Ausflug zum Baikalsee: 60 Kilometer fährt der Bus am Ufer der Angara entlang bis zum Dorf Listwjanka. Hier schossen in den letzten Jahren zwischen den romantischen Fischerhütten und Bauernhäusern kitschig bunte Hotels im Märchenstil sowie von blinkenden Lichterketten umsäumte Bars und Restaurants aus dem Boden. Das einst beschauliche Dörfchen soll zu einem gewaltigen Touristenzentrum namens »Baikal City« umgebaut werden und damit zur Hauptstadt des Baikaltourismus aufsteigen – unter anderem

mit einem Aqua-Park, einer Skianlage, wissenschaftlichen Zentren und einer Residenz für den russischen Präsidenten.

Doch nicht die architektonische Raffinesse zählt hier, sondern die eigentliche Attraktion, die Perle Sibiriens, der mächtige Baikalsee, dessen Wellen mehr oder weniger hartnäckig an die befestigten Ufer von Listwjanka schlagen. Mit einer maximalen Wassertiefe von 1637 Metern ist er der tiefste See der Erde. Gleich-

zeitig ist er der älteste. Vor 35 Millionen Jahren begann sich das Baikalbecken abzusenken, was auf einen tektonischen Riss in der eurasischen Kontinentalplatte zurückzuführen ist. Daraus erklärt sich die schmale, lang gestreckte Form des Baikals. Dass die seismischen Aktivitäten in der Region noch nicht zum Stillstand gekommen sind, davon zeugen nicht nur Thermal- und Mineralquellen an den Ufern, sondern auch die immer wieder auftretenden kleineren Erdbeben.

Listwjanka liegt zugleich am Baikal und am Ursprung der Angara, die als einziger Abfluss des Sees mehr als 300 Zuflüssen gegenübersteht. Hier, mitten im Fluss, kann der aufmerksame Betrachter eine kleine Felsspitze wahrnehmen: ein unscheinbarer, aber doch

magischer Ort. Bevor dieser sogenannte Schamanenstein in den 1950er Jahren beinahe in den künstlich angestauten Wassern der Angara verschwand, brachten die Menschen hier dem Baikal ihre Opfergaben dar. Über diesen Felsen erzählt eine alte Sage folgende traurigschöne Geschichte: Eines Tages hörte Angara, die einzige Tochter des alten Vaters Baikal, die Möwen vom schönen Jüngling Jenissej schwärmen. Daraufhin schlich sie in der Nacht heimlich fort, um ihn kennenzulernen. Am nächsten Morgen bemerkte der Vater die Flucht seiner Tochter und warf ihr zornig einen Felsbrokken hinterher – den Schamanenstein. Glücklicherweise traf dieser lediglich ihren Rockzipfel und so erreichte die Schöne ihren Jenissej. Sie verliebten sich und fließen seither gemeinsam in Richtung Nordmeer weiter. Der alte Baikal blieb zurück und entlädt nun hin und wieder seinen Groll auf die ungehorsame Angara in unberechenbaren Stürmen, die das Wasser urplötzlich aufpeitschen. Der gefährlichste von ihnen, die *sarma*, fegt mit Windgeschwindigkeiten von mehr als 40 Metern in der Sekunde über die Wasseroberfläche.

Der Baikal ist nicht nur der älteste und der tiefste See der Erde, sondern auch der sauberste. Sein kristallklares Wasser weist eine hervorragende Trinkwasserqualität auf und mehrere Komponenten sorgen dafür,

GANZ OBEN *Winterliche Dorfstraße in Ust-Bargusin am Ostufer des Baikalsees.*

LINKS *Es gibt viele Möglichkeiten, sich vor der Hundskälte zu schützen.*

OBEN *Nichts schützt besser gegen eisige Baikalwinde als eine Pelzkappe.*

PETER FLEMING

»Es heißt, der Baikalsee sei der tiefste See
der Welt. Es heißt auch, er sei so groß wie
Belgien. Sein Wasser ist kalt und unheim-
lich durchsichtig. Die Russen nennen ihn
den ›Weißhaarigen‹, wegen des Dunstes,
der immer über ihm hängt. An diesem
Abend waren es nur ein paar schmale
Streifen, die malerisch und mit dem
fantastischen Anschein, als seien es feste
Körper, weit draußen über dem spiegel-
glatten Wasser schwebten. Über sie
empor ragten die Häupter ferner Gebirge, schneegefleckt. Es war ein friede-
voller, majestätischer Anblick.«

Mit mir allein. Eine Reise nach China, 1933

*Wärmeres Wasser steigt aus den Tiefen des überfrorenen
Baikal empor und ergießt sich in die Angara.*

dass sich daran so schnell nichts ändert. Zum einen ist die Besiedlung in den Uferregionen gering, was grundsätzlich das Verschmutzungsrisiko minimiert. Wegen des enormen Wasservolumens von 23 000 Kubikkilometern – das größte Süßwasserreservoir der Erde – verteilen sich zudem jegliche Schadstoffe weitestgehend; Schwebstoffe sinken in unerreichbare Tiefen ab. Auch hemmt die Kälte des Sees das Algenwachstum. Am bedeutsamsten sind jedoch die unübertroffenen Selbstreinigungskräfte des Baikals, für die ein winziges endemisches, also ausschließlich hier vorkommendes,

LINKS Von dem unscheinbaren Dörfchen Port Bajkal aus brachten noch vor einem Jahrhundert Eisbrecher die Transsibpassagiere über den See.

GANZ OBEN UND OBEN Ab einer Dicke von 40 Zentimetern wird das Baikaleis als Straße genutzt.

OBEN Mit einem Handbohrer wird ein Loch zum Angeln in das Eis getrieben.

OBEN RECHTS Pferde sind leider immer seltener im Einsatz.

RECHTS Das Baden in einer der zahlreichen heißen Quellen ist eine Wohltat.

RECHTE SEITE Herbststürme zerbrechen das erste Eis und treiben die Schollen an den Ufern zusammen.

Krebstierchen verantwortlich ist: Nur ein bis zwei Millimeter lang ist der Ruderfüßler *epischura baicalensis sars*, und dennoch unvergleichlich gefräßig. Der kleine Krebs ernährt sich von Plankton und Bakterien und nagt mit Vorliebe tote Tiere bis auf die Knochen ab. Nicht anders ergeht es den jedes Jahr ertrinkenden Menschen. Im Sommer kentern Boote in unerwartet aufschäumendem Seegang und im Winter brechen immer wieder Menschen im Eis ein. Die ab Anfang Januar für etwa fünf Monate geschlossene, aber von gefährlichen Rissen durchzogene Eisdecke des Baikals wird, sobald sie eine Dicke von 40 Zentimetern erreicht hat, von Autofahrern als Straße genutzt. Niemand hat je gezählt, wie viele Fahrzeuge nebst ihren Insassen auf dem Grund des Sees gelandet sind.

Im Winter 1904 hatte man es sogar gewagt, Schienen über das bis zu eineinhalb Meter dicke Eis zu verlegen. Damals befand sich die Baikalbahn noch im Bau und in den wärmeren Jahreszeiten ersetzten die beiden Eisbrecher »Bajkal« und »Angara« den fehlenden Gleisabschnitt. Sie starteten gegenüber von Listwjanka, auf der anderen Seite der Angara im Örtchen Port Bajkal und transportierten die Passagiere sowie ganze Züge

über den See. Nur im tiefsten Winter versagten ihre Kräfte aufgrund der enormen Dicke des Eises. Dann setzte man normalerweise Schlitten ein, um wenigstens die Fahrgäste an das andere Ufer zu bringen. Im März 1904 jedoch tobte im Fernen Osten der Krieg mit Japan und es wurden nicht nur Truppen, sondern auch Züge jenseits des Baikals benötigt. Das Experiment glückte: Pferde zogen die auf den Schienen rollenden Waggons über den gefrorenen See sowie die in Einzelteile zerlegten Loks. Wenige Monate später gaben die Ingenieure die Baikalbahn frei und die beiden Eisbrecher setzte man für andere Fährverbindungen ein. Die kleinere

Fortsetzung S. 120

LINKE SEITE OBEN *Sljudjanka ist der erste Haltepunkt am Baikalsee.*

LINKE SEITE UNTEN UND GANZ LINKS *Omulverkauf am Bahnsteig. Der Edelfisch aus dem Baikalsee ist eine Kostprobe wert.*

OBEN *Sicherheitskontrolle – die Bremsen werden regelmäßig abgeklopft.*

LINKS *Sibirjaken können sich mit jeder Wetterlage anfreunden.*

115

HELDENTAT IN STEIN GEPRÄGT

DIE ALTE BAIKALBAHN

Die Stadt Irkutsk startete 1950 ein Erfolg versprechendes Projekt: den Bau einer Staumauer für den Fluss Angara. Gewaltige Mengen an billigem Strom sollte das dazugehörige Wasserkraftwerk produzieren. Doch der Dammbau hatte nicht ausschließlich positive Folgen. So stieg 1956 der Spiegel der angestauten Angara, des einzigen Baikalabflusses, um mehrere Meter. Der Rückstau ließ sogar das Niveau des Baikals um einen Meter ansteigen – eine ökologische Katastrophe. Und ganz nebenbei verschlangen die Fluten auch noch das Teilstück der Transsibirischen Eisenbahn entlang der Angara nach Port Bajkal am Westufer des Sees. Glücklicher-

weise war die neue, direktere Strecke von Irkutsk über das Olchaplateau bis nach Kultuk an der Südspitze des Baikals bereits fertiggestellt. Von der alten Linie blieb lediglich ein kleiner Abschnitt am südwestlichen Seeufer übrig, eine überflüssige Sackgasse zwischen Kultuk und Port Bajkal. Ohnehin war dieses Gleisstück die Schwachstelle der Transsib gewesen, denn immer wieder verunglückten dort Züge durch Steinschlag oder Erdrutsche. Nun wurde der Bahnverkehr auf ein Minimum reduziert. Viele Ortsansässige wanderten in der Folge ab, ihre Häuser verfielen, die Bahnschwellen moderten vor sich hin. Bald demontierte man eines der

zwei Gleise – es gab ja kaum Geld genug, das Übriggebliebene instand zu halten.

In den 1970er Jahren kündigte sich dann die Wende an: Wissenschaftler, Naturliebhaber und an Architektur Interessierte entdeckten die

3

gendenden Klippen mit geologisch interessanten Abbrüchen, einem komplexen Uferbiotop und der Kulisse eines Sees, dem die Bezeichnung »Meer« gebührt, ist sie ein Freilichtmuseum der Ingenieurskunst.

Doch die Erschaffung der Baikalbahnstrecke vor gut einem Jahrhundert forderte große Opfer. Spezialisten aus verschiedenen Ländern wie Italien, Albanien oder Griechenland sowie Tausende von Arbeitern und Strafgefangenen waren hier zwischen 1902 und 1905 unter härtesten Bedingungen beschäftigt. Sie schliefen in einfachen Baracken und Laubhütten, wurden

1 Selten sind mehr als ein bis zwei Züge pro Tag auf den alten Gleisen unterwegs.
2 Die ausrangierte Dampflok dient nur dekorativen Zwecken. 3 Die Bewohner von Polowinnyj bereiten Verkaufsstände für die Touristen der eintreffenden Elektritschka »Bajkalskij Ekspress« vor. 4 Mit der Draisine sind die Bahnarbeiter zum nächsten Einsatzort unterwegs.

schlafende Schönheit am Baikal und hauchten ihr allmählich wieder neues Leben ein. Schließlich vereinigen sich auf dem 84 Kilometer langen Uferstreifen die Schöpfungen von Mensch und Natur zu einem spektakulären und gleich-

zeitig harmonischen Schauspiel. Die alte Bahntrasse ist durchsetzt von 39 Tunneln mit einer Gesamtlänge von 7 Kilometern, 352 Brücken, 18 Galerien und zahlreichen Befestigungsmauern – jeder Bau ein Unikat. Zwischen steil aufra-

von Krankheiten heimgesucht und Unfälle waren an der Tagesordnung. Diese »Heldentat in Stein geprägt« gilt gleichzeitig als längstes Massengrab Russlands.

Nach ihrer Fertigstellung bezeichnete man die komplette Baikalbahn aufgrund der immensen, alle anderen Abschnitte weit übertreffenden Baukosten als die »Goldene Schnalle des russischen Stahlgürtels«. Ihr einstiger, offizieller Name Krugobajkalka ist eine Abkürzung und bedeutet in etwa »Baikalumrundung«. Bis vor einem halben Jahrhundert wurde die gesamte Uferbahn von Port Bajkal bis Myssowaja am Ostufer so genannt, doch wer heute von der Krugobajkalka spricht, meint damit nur ihren westlichen Teil – die alte Baikalbahn.

Diese gehört inzwischen zum Pribajkalskij-Nationalpark, der viele geschützte und zum Teil

sogar nur am Baikal vorkommende Tier- und Pflanzenarten behütet. Der Uferstreifen ist für den Tourismus freigegeben und mittlerweile wurden zu beiden Seiten der Trasse Sportklubs, Erholungsheime und Pensionen in klassischer Holzbauweise errichtet. Um die Lage von Bauwerken und Ortschaften zu beschreiben, verwendet man auch heute noch die historischen Kilometerangaben, was ein wenig seltsam anmutet: Von Kultuk (Kilometer 156 bis 158) wird rückwärts gezählt bis zum Kilometer 72 in Port

Bajkal. (Die weitere Strecke bis zum Nullkilometer in Irkutsk fiel der aufgestauten Angara zum Opfer.) Außerdem werden mit diesen Kilometerangaben besonders sehenswerte Orte gekennzeichnet. Am Kilometer 104 können Interessierte beispielsweise den »Weißen Abbruch« entdecken, eine geologische Sehenswürdigkeit: An der auf den ersten Blick schlicht weißen Felswand lässt sich eine enorme Vielfalt an Mineralien, gewöhnlichen wie auch seltenen, identifizieren. Eines der architektonischen Meisterwer-

ke stellt am Kilometer 103 die von Baumeistern aus Italien geschaffene »Italienische Mauer« dar, eine elegante Felsbefestigung, in die hohe Blendarkaden eingelassen wurden. Am Kilometer 100 führt ein geheimnisvoller Tunnel ins Nichts – an seinem Ende bricht das Steilufer abrupt zum Wasser hin ab. Früher schloss sich hier die längs-

te Brücke der Baikalbahn an, die jedoch wegen der Unfallgefahr wieder abgebaut wurde.

Im Sommer schlagen viele Russen entlang der Krugobajkalka an den herrlichsten Uferplätzen ihre Zelte auf, manche von ihnen bleiben wochenlang. Sie sonnen sich, kochen am Lagerfeuer und baden an den steinigen Stränden oder den selteneren Sandbuchten. Bei Aktivurlaubern ist dagegen das Wandern über die Schwellen sehr beliebt. Wer des Gehens müde wird, lässt sich von einem der im Schneckentempo dahinkriechenden Züge ein Stück mitnehmen. Viermal pro Woche verkehrt hier ein Vorortzug, von den Einheimischen »Matanja« genannt, der für die Strecke mindestens fünf Stunden benötigt. Aus seinem mitgeführten Güterwaggon heraus werden Lebensmittel an die Anwohner verkauft – oftmals ihre einzige Versorgungsquelle. Touristen bevorzugen aber meist die Elektritschka »Bajkalskij Ekspress«, die statt vieler kurzer wenige längere Stopps an den interessantesten Punkten einlegt. Oder man leistet sich das ganz Besondere: Seit einigen Jahren schnauft am Wochenende wieder eine Dampflok über die alten Schienen, eine der nach ihrem

Konstrukteur benannten »Lebedjankas«, die zwischen 1945 und 1955 produziert wurden. Juri Tschernjaew, der älteste Lehrer der Eisenbahnschule in Sljudjanka, hat extra hierfür noch einmal eine Gruppe von Lokführern im Dampflokfahren ausgebildet. Der dazugehörige Zug trägt den Namen »Bajkalskij Kruis«. Wer durch seine gerafften Gardinen über die weiten Wassermassen und in die düsteren Tunnelschlünde blickt, den überkommt die Gewissheit, hier wahrlich einem Wunderwerk zu begegnen.

1 *Die Touristenzüge halten an den schönsten Plätzen länger an.* 2 *Vor allem Rucksacktouristen sind mit der Elektritschka »Bajkalskij Ekspress« unterwegs.* 3 *Der Lokführer in seiner Diesellok.* 4 *An der Station Marituj sind die hölzernen Bahnhofsbauten vom Beginn des 20. Jahrhunderts hervorragend erhalten.*
5 *Bei Naturfreunden ist das Wandern entlang der Gleise sehr beliebt.* 6 *Wilde Natur und Bauwerke von Menschenhand im harmonischen Zusammenklang.*

OBEN *Im Freilichtmuseum Talzy bei Irkutsk wird der Unterschied zwischen aufwendigeren städtischen und schlichteren ländlichen Holzhäusern demonstriert.*

RECHTS *Bevor es vom Olchaplateau in Richtung Baikalsee hinabgeht, gibt es ein Picknick mit Panoramablick.*

»Angara«, seit 1977 an der Staumauer in Irkutsk vor Anker liegend, kann man inzwischen als Relikt der Baikalschifffahrt besichtigen.

Von Irkutsk aus geht es weiter für den Transsibreisenden; gemächlich schiebt sich der Zug über das waldige Olchaplateau nach Osten und erreicht wenige Stunden später das südliche Ufer des »heiligen Meeres« Baikal. Häufig verhüllt Nebel die gegenüberliegenden schroffen Bergrücken und es entsteht tatsächlich der Eindruck von ozeangleicher Endlosigkeit. Den Baikal einen See zu nennen, so sagen die Russen, würde Unglück bringen. Sie bezeichnen ihn deshalb respektvoll als »Meer«. Und da er offenbar eine Seele besitzt, die besänftigt oder herausgefordert werden kann, gilt er zudem als heilig.

Touristen, die einen Abstecher auf der alten Baikalbahn entlang des Westufers bis Port Bajkal planen, steigen im kleinen Städtchen Sljudjanka aus. Dessen 1903 errichtetes Bahnhofsgebäude besteht aus reinem Marmor – damals ein kostengünstiges Baumaterial aufgrund des nur zehn Kilometer entfernt gelegenen Mar-

DAS SCHICKSAL DES DEKABRISTEN WOLKONSKIJ

Fürst Sergej Wolkonskij (1788–1865) stammte aus einer der ältesten Adelsfamilien Russlands. Als junger Fähnrich im Krieg gegen Napoleon entwickelte er Ideen, wie das autokratische System seines Landes reformiert werden könnte. Gemeinsam mit anderen Freidenkern beteiligte er sich maßgeblich am Dekabristenaufstand von 1825 (siehe Seite 102), was ihm 20 Jahre Zwangsarbeit in Sibirien einbrachte. Nach deren Ableistung zog er gemeinsam mit seiner Frau Maria nach Irkutsk. 1985 eröffnete die Stadt in seinem ehemaligen Anwesen, einem prächtigen Holzhaus, ein Museum, an dessen Treppe der Besucher mit den Worten Tolstois empfangen wird: »Das waren Leute, alle wie eine Auslese, so wie man einen Magneten über die obere Schicht eines Haufen Kehrichts voller Metallspäne gleiten lässt, und der Magnet zieht sie heraus.« Jeder der stilvollen Wohnräume wird von einer anderen Farbe dominiert und im Roten Salon der Fürstin steht ein alter Lichtenthalflügel, der an den regelmäßig hier stattfindenden Musik- und Literaturabenden – ganz in der dekabristischen Tradition – zum Klingen gebracht wird.

morsteinbruchs. Vor dem Aufbruch nach Port Bajkal sollte man unbedingt das Heimatmuseum des Lokomotivdepots besichtigen, wo der Bau der Baikalbahn ausführlich dokumentiert ist. Neben alten Fotos sind auch skurrile Details der Eisenbahngeschichte ausgestellt, beispielsweise ein großer Stern mit silbernem Stalinporträt, wie er in den 1930er Jahren an jeder Lok vorn befestigt war, oder ein hölzerner Bremsklotz aus dem Ersten Weltkrieg, als Eisen plötzlich Mangelware war. Im hinteren Ausstellungsbereich liegt das 7000 Jahre alte Gerippe einer Frau europider Herkunft und die 5000 Jahre alten Knochen eines Mannes mongolider Rasse. Beide stammen aus baikalischer Erde und liefern den Beweis, dass hier schon vor Tausenden von Jahren Menschen unterschiedlicher Herkunft in enger Nachbarschaft lebten. Diese ersten ansässigen Urvölker wurden jedoch von zentralasiatischen Nomadenvölkern wie den Skythen und Hunnen nach Nordosten verdrängt. Auf-

Im Freilichtmuseum Talzy.

OBEN LINKS *Regelmäßig treten Folkloregruppen in dem historischen Ambiente auf.*

OBEN *Die Luftschaukeln sind sehr begehrt.*

LINKS *Auch nach dem Auftritt haben die jungen Künstler viel Spaß miteinander.*

GANZ OBEN, OBEN RECHTS UND RECHTS *Die schönste Art, die Strecke entlang des Baikalsees zu befahren, ist ein Ausflug mit dem Bajkalskij Kruis. Gezogen wird der Zug von der legendären Lebedjanka.*

OBEN *Ein Eisenbahningenieur kontrolliert die Schienen der alten Baikalbahn.*

grund der Zuwanderung von Turkvölkern bildete sich dann in den ersten Jahrhunderten n. Chr. ein ganz neues Volk am Baikal heraus: die Kurykanen. Diese vermischten sich wiederum mit einwandernden mongolischen Stämmen. Das daraus entstandene burjatische Volk konnte sich nach dem Zerfall des Mongolenreichs eigenständig und friedlich entwickeln – bis russische Kosaken im 17. Jahrhundert den Baikal erreichten. Die Burjaten verteidigten ihr Land zäh, doch auf Dauer ohne Erfolg. Von ihnen erfuhren die Russen den Namen des riesigen Sees: In burjatischer Sprache hieß er Baigal-Nuur, der See.

GANZ OBEN Die Gäste des »Zarengold« werden am Baikalufer mit einem reichhaltigen Picknick beglückt.

OBEN Der Samowar wird wie in alten Zeiten mit Holz beheizt.

RECHTS Eine Waggonschaffnerin nutzt die Pause zum Blumenpflücken.

Sljudjanka ist außerdem berühmt für ihren Handel mit geräuchertem Omul, einem endemischen Speisefisch, den Frauen an der Bahnsteigkante den Reisenden als Köstlichkeit anpreisen. Schlaue Fahrgäste sichern sich schnellstmöglich große Mengen dieser Delikatesse. Die erstandenen Pakete werden dann unter die Schlafliegen geschoben, sodass man noch tagelang im gesamten Zug den Geruch des Fisches »genießen« kann.

Hinter Sljudjanka folgt der sicherlich faszinierendste Abschnitt der gesamten Transsibirischen Eisenbahn. Stundenlang geht es am malerischen Ufer des Baikals entlang und das Auge erfreut sich an immer wieder neuen Eindrücken: Über schmale Steinstrände verteilt sich blank gewaschenes Wurzelwerk. Die Farbe des Sees kann sich im Wechsel der Lichtstimmungen schnell ändern, mal erscheint er stählern grau, dann schimmert er blass grünlich oder in sanftem Blau. Im Winter breitet sich eine unendliche, blendend weiße Schneewüste aus. Lockerer Wald drängt sich immer wieder zwischen den Baikal und die Gleise: Birken, Kiefern und Sibirische

Zirbelkiefern, russisch *kedr* genannt. Diese ähnelt der Kiefer, nur sind ihre Nadeln länger, weicher und stehen zu fünft in einem Büschel. Die Samen aus ihren dicken Zapfen lieben nicht nur Nagetiere, Bären und der Tannenhäher, der sie als Wintervorrat vergräbt – auch der Mensch sammelt die leckeren Nüsschen. Angeboten werden sie, meist noch mit Schale, roh oder geröstet – eine gesunde Alternative zu Chips und Süßigkeiten.

In Bajkalsk, einem hübschen, von blauen Berghängen umringten Örtchen, stören rauchende Schornsteine am Seeufer die Idylle. Die dazugehörige Zellulosefabrik leitet seit ihrer Eröffnung 1966 Abwässer in einem Umfang von 40 Millionen Kubikmetern im Jahr in den Baikal ein. Neben dem Selenga-Zufluss im Südosten, der Schadstoffe aus der Mongolei mit sich führt, galt die Fabrik jahrelang als der größte Verschmutzungsherd des Sees. Aber so viele Umweltsünden in Sibirien unkommentiert begangen werden – seinen herrlichen Baikal ließ sich das russische Volk nicht verseuchen. Mit ihren Aktionen erreichten die Naturschützer, dass das Werk in Bajkalsk moderne Kläranlagen bekam.

Heutzutage agieren in- und ausländische Umweltschutzorganisationen in der gesamten Region. Es wurden Nationalparks sowie strengstens geschützte Naturreservate eingerichtet und 1996 erklärte die UNESCO den See zum Weltnaturerbe. Schließlich übertrifft das Baikalgebiet in Bezug auf die Anzahl endemischer Pflanzenarten sogar die Galapagosinseln und Madagaskar. Auch die Fauna bietet jede Menge einheimische Besonderheiten, wie zum Beispiel die *nerpa* genannte Baikalrobbe, die einzige Süßwasserrobbe der Welt. Sie ernährt sich am liebsten von dem ebenfalls endemischen Fettfisch *golomjanka*, der lebende Larven zur Welt bringt und aufgrund seines hohen Fettgehalts von bis zu 44 Prozent annähernd durchsichtig wirkt.

Wenn die Abendsonne tief über dem Wasser steht und eine goldene Spur über die Oberfläche zieht, drängen sich die Fahrgäste wie gebannt an den Zugfenstern und möchten niemals Abschied nehmen müssen. Ein paar Fischer rudern in hölzernen Kähnen hinaus, andere spülen bereits ihre Netze im seichten Wasser oder legen sie sorgfältig vor der Bootshütte zusammen. Doch langsam senkt sich die Dunkelheit über den Baikal herab und er verschwindet allmählich hinter den Bäumen. Einige Zeit später erscheint linker Hand die Selenga. Dunkel bewaldete Bergketten begrenzen das Flusstal beidseitig und die immer dichter stehenden Holz- und Steinhäuser kündigen bald darauf Ulan-Ude, die nahende Hauptstadt der Republik Burjatien, an.

OBEN *Das Personal des »Zarengold« genießt die Stopps am Baikalufer nicht weniger als die Fahrgäste.*

LINKS *Musik und Wodka heizen am Abend die Stimmung an.*

EINE WILDE BEGRÜSSUNGSFEIER

DIE »BUTTERWOCHE« MASLENIZA

Man spült die Pfannkuchen mit Wodka hinunter, tanzt Walzer mit einer Unbekannten und zeigt dem Nachbarn beim Kugelstemmen, was in einem steckt. In der Fastnachtswoche, der Woche, bevor Anfang März die christlich-orthodoxe Fastenzeit beginnt, dürfen die gläubigen Russen zwar kein Fleisch mehr zu sich nehmen, aber noch Eier und Milchprodukte. *Masleniza* werden diese Tage deshalb genannt, was in etwa »Butterwoche« bedeutet, abgeleitet von dem russischen Wort *maslo* für Butter. Es gilt nun, sich vor der mageren Zeit noch einmal hemmungslos die Bäuche vollzuschlagen und in jeder Hinsicht der Maßlosigkeit zu frönen.

Wenn auch in den letzten Jahrhunderten orthodox umgedeutet, so geht die urrussische Masleniza doch auf einen heidnischen Brauch zurück: Sie war eine Art Frühlingsfest – mit ihr verabschiedeten die Russen den Winter und hießen die warme Jahreszeit willkommen. Zudem beging man bis ins 16. Jahrhundert mit der Masleniza gleichzeitig das Neujahrsfest, denn damals fand der Jahreswechsel offiziell Anfang März statt. Man glaubte, je wilder und ausgelassener man das neue Jahr begrüße, desto glücklicher würde es werden. Dabei durften auf gar keinen Fall die beliebten *bliny* (Pfannkuchen) fehlen, schließlich sollte der heiße, runde und gelbe Blin – das Sonnensymbol schlechthin – die Frühjahrssonne herauslocken. Traditionell rührte man den Teig aus Eiern, Milch und Buchweizenmehl und die fertigen Bliny wurden natürlich mit Butter bestrichen.

Ob nun heidnisch oder orthodox motiviert: Im überlieferten Ablauf der Butterwoche waren an jeden Wochentag feste Bräuche geknüpft. Montags bastelten die jungen Leute eine große Figur aus Stroh und kleideten sie als Frau – die Maslenizapuppe. Sie symbolisierte den Winter und wurde zunächst einmal unter Gesängen im Ort herumgetragen. Der Dienstag war der Tag der Spiele, fröhlicher Wettbewerbe, Schlittenfahrten und Theatervorstellungen. Tag des Leckermäulchens wurde der Mittwoch genannt,

denn die Schwiegermütter luden ihre Schwiegersöhne zum festlichen Blinyessen ein. Mit dem Großen Donnerstag verband man verschiedene Traditionen. Besonders beliebt war das Spiel *stolby* (Pfähle), bei dem frisch verheiratete Paare sich Pfählen gleich zu beiden Seiten der Straße aufstellen und unter Anfeuerung der Zuschauer ihre Liebe zueinander ausdrücken mussten. Am Freitag, dem Schwiegermutter-abend, revanchierten sich die Schwiegersöhne und backten nun für ihre Schwiegermütter Bliny. Der Samstag nannte sich Tag des Abschieds, denn das letzte Stündlein der Maslenizapuppe nahte. Verwandte besuchten und beschenkten sich nun gegenseitig. Der Sonntag war der Tag der Vergebung: Die Strohpuppe wurde in einem festlichen Umzug an den Ortsrand getragen und auf den Scheiterhaufen gesetzt. Während sie brannte, sang man fröhliche Lieder und tanzte um das Feuer. Alle umarmten sich gegenseitig und baten einander um Verzeihung für ihre Fehltritte im letzten Jahr.

In der Sowjetunion war die Masleniza verboten, aber noch lange nicht vergessen – und nach dem Untergang des kommunistischen Systems ließ sich die russische Feierlaune nicht länger eindämmen. Obwohl heutzutage die geregelten Traditionen der Butterwoche nicht mehr eingehalten werden, finden doch allerorts auf Plätzen und Festwiesen ausgelassene Volksfeste statt und nach wie vor gehören Völlerei und Saufgelage dazu. Bliny gibt es mit verschiedenen Füllungen zu kaufen. Wodka und heißer Tee aus dem Samowar unterstützen die Aufrechterhaltung der Stimmung wie auch der Körperwärme in dieser noch recht winterlichen Woche. Außerdem wärmt man Körper und Seele bei allerlei sportlichen Wettbewerben. Und ganz am Schluss wird immer noch die Maslenizapuppe verbrannt, auch wenn der Frühling in den meisten Regionen Russlands noch ein bis zwei Monate auf sich warten lässt.

1 *Groß und Klein vergnügt sich bei klassischen Spielen.* **2** *Die Maslenizapuppe symbolisiert den Winter, und dem wird der Garaus gemacht.* **3** *Um es den glatten Stamm überhaupt hinauf zu schaffen, muss man trotz der Eiseskälte die Kleider ablegen.*
4–7 *Die Wettbewerbe bringen Spaß und wärmen gleichzeitig.* **8** *Dennoch sind Pelzmützen unentbehrlich.*

DREI LÄNDER AUF EINEN STREICH

RECHTE SEITE OBEN
Nicht nur Männer finden am Pfeiferauchen Vergnügen (links).

Das Pferd ist des Mongolen bester Gefährte (Mitte).

Schon bald erreicht der Zug die mongolische Hauptstadt Ulaanbaatar (rechts).

OBEN *Die junge Frau hat sich für einen besonderen Anlass herausgeputzt und den besten Deel angezogen.*

RECHTS *Der Zug hat die Hauptroute der Transsib verlassen und nimmt Kurs auf die Mongolei und auf China.*

»Aber die Farben änderten sich in der für Wüsten so typischen, faszinierenden Art. Der ganze Regenbogen vom Bahngleis bis zum Horizont und vom Horizont bis zum Zenit.«
Wolfgang Seidl, »Ins rote Reich des gelben Drachen«, 1984

Über Jahrhunderte hinweg beäugte man sich misstrauisch, kämpfte um Grenzen oder verhandelte hartnäckig über sie und betrieb bestenfalls Warenaustausch. Dann, im Oktober 1949, rückten die beiden Giganten Russland und China mit einem Mal fast brüderlich zusammen. Grund für die Annäherung war die Ausrufung der Volksrepublik China durch die im Bürgerkrieg siegreichen Kommunisten – und plötzlich gaben sich die Chinesen als Gleichgesinnte der Sowjetunion. Um die Freundschaft weiter zu festigen, beschlossen die beiden Länder 1950 den Bau einer neuen Bahnverbindung von einem Staat zum anderen. Dass die Strecke dabei durch die Mongolei führen würde, stellte kein Hindernis dar, schließlich war diese schon zu Beginn der 1920er Jahre von der Roten Armee besetzt und zu einer ebenfalls kommunistischen Volksrepublik umgeformt worden. Die Schienen verlegte man zum großen Teil entlang der alten Teestraße, einem schon seit Urzeiten genutzten Handelsweg zwischen China, Sibirien und Europa. Nach fünf Jahren Bauzeit war die eingleisige Bahnlinie fertiggestellt. Bis heute ist sie zwar nicht sehr stark frequentiert, jedoch steht sie bei Transsibtouristen ganz hoch im Kurs, bietet sie ihnen doch die Möglichkeit, drei vollkommen verschiedene Länder auf einer einzigen Reise kennenzulernen.

Wer sich für diese Route entschieden hat, verlässt im russischen Ulan-Ude die Hauptstrecke der Transsibirischen Eisenbahn in Richtung Süden. Die Selenga mäandert entlang der Gleise und sehniges Gras bedeckt die dynamisch geschwungenen Höhenzüge, die von Juni bis August in saftigem Grün leuchten, die restliche Zeit des Jahres aber eher gelblich meliert wirken. Aus der Ferne schimmert der Steppenbewuchs wie ein abgenutztes, in Falten drapiertes Samtkleid. Dünner Rauch weht am Zugfenster vorbei, schließlich zieht von nun an eine Diesellok die Waggons über die nicht elektrifizierte Strecke. Immer einsamer wird die Landschaft, es tauchen kaum noch Orte auf, nur ab und zu stehen ein paar ver-

einzelte Häuser an der Trasse. Nach einem halben Tag Fahrt trifft der Zug im kleinen Grenzort Nauschki ein. Die Formalitäten an der Grenze sind streng, jedoch wird kaum noch ein Tourist mit unangenehmen Durchsuchungen belästigt. Sodann vergeht im mongolischen Grenzstädtchen Suchbaatar noch einmal eine gute Stunde, bis der Zug in die weiten Steppen der Mongolei entlassen wird.

Wolken jagen ihre schwarzen Schatten über die Hügel. Gemächlich ziehen Pferdeherden, Schafe, Ziegen, Kühe dahin. Jaks, eine zottelige Rinderart, werden von flinken Hirten auf kleinen drahtigen Pferden zusam-

mengehalten. Lediglich an den Ufern des gewundenen Flüsschens Orchon, durch dessen Tal die Trasse führt, wachsen saftige Büsche und Laubbäume. Hin und wieder schiebt sich ein Städtchen oder ein Dorf ins Blickfeld: Aber die einfachen Steinhäuser und mehr oder weniger neue Plattenbauten, bestenfalls mit ein paar groben, geometrischen Mustern verziert, taugen nicht gerade zur architektonischen Augenweide. Kein Wunder, denn schließlich bewahren die Mongolen bis heute ihre Nomadenkultur, anstatt sich mit Baukunst zu befassen. Der Großteil von ihnen lebt noch immer in Jurten, den weißen, runden Filzzelten, die nun überall in der Landschaft aufblitzen. So lebten sie schon zu Zeiten Dschingis Khans (um 1160–1227), des berüchtigten Steppenfürsten, der erstmals die mongolischen Stämme einte und im 13. Jahrhundert mit seinen unbesiegbaren Reiterhorden ein Riesenreich vom Kaspischen Meer bis zum Stillen Ozean eroberte.

Einen Tag und eine Nacht nachdem man Ulan-Ude verlassen hat, schlängelt sich der Zug in ein Tal hinunter; in der Ferne kann man schon das Häusermeer von Ulaanbaatar unter einer grauen Dunstglocke erahnen. Dort, in der mit einer Durchschnittstemperatur von mi-

LINKE SEITE *Abendlicht in den nordmongolischen Bergen.*

OBEN LINKS *Ein frisch vermähltes Paar hat zur Hochzeit eine eigene Jurte geschenkt bekommen.*

OBEN *Den übermütigen Studenten fällt das lange Sitzen schwer.*

LINKS *Der Lokführer nutzt den Aufenthalt für eine Pause.*

GANZ OBEN Von Ulaan-baatar aus lohnt ein Ausflug in den Terelsch-Nationalpark.

OBEN Eine mongolische Frohnatur.

RECHTS Über 500 Hirschsteine aus der Bronze- und frühen Eisenzeit findet man in der mongolischen Steppe, vermutlich markierten sie Gräber.

nus zwei Grad kältesten Hauptstadt der Welt, lebt knapp die Hälfte des nur 2,6 Millionen Menschen zählenden Mongolenvolks. Jurten und schlichte Häuschen aus Holz oder Stein auf bretterumzäunten Parzellen ziehen vorüber, dazu ein paar schmuddelige Kleinbetriebe und Lagerhallen. Im Bahnhof von Ulaanbaatar empfängt den Reisenden ein Ortsschild mit kyrillischen Buchstaben, denn 1941 hatten die Russen den Mongolen ihr Alphabet aufgezwungen. Und auch ihren Namen, der zu Deutsch »Roter Held« bedeutet, erhielt die mongolische Hauptstadt im Zusammenhang mit den sowjetischen Besatzern. Die Schreibweise *Ulan Bator* gilt übrigens seit den frühen 1990er Jahren, als sich die Mongolei nach dem Untergang des Kommunismus ganz allmählich zu einem demokratischen Staat wandelte, als russisch-kolonial. Die Hauptstadt wurde 1639 als vornehme Jurtensiedlung namens Orgoo (Palastjurte) gegründet. Mehrmals verlegte man im Lauf der Zeit ihren Standort und änderte häufig ihren Namen. Im Jahr 1778 erfolgte der letzte Ortswechsel in diesen Talkessel, der von

2000 Meter hohen, gras- oder waldbedeckten Ketten des Khentiigebirges umrahmt ist.

Für heutige Verhältnisse ist das keine unproblematische Lage, denn die Abgase von Verkehr und Kohlekraftwerken können nur schwer abziehen und die weni-

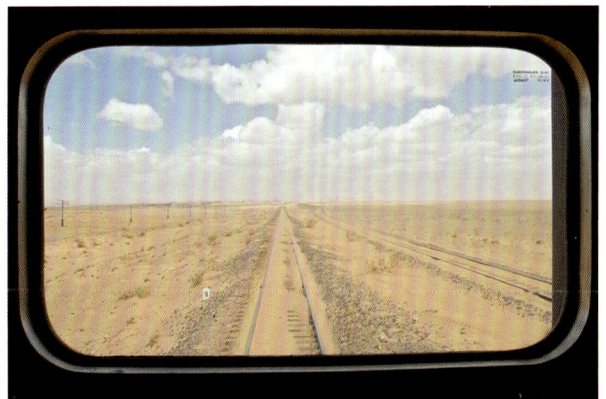

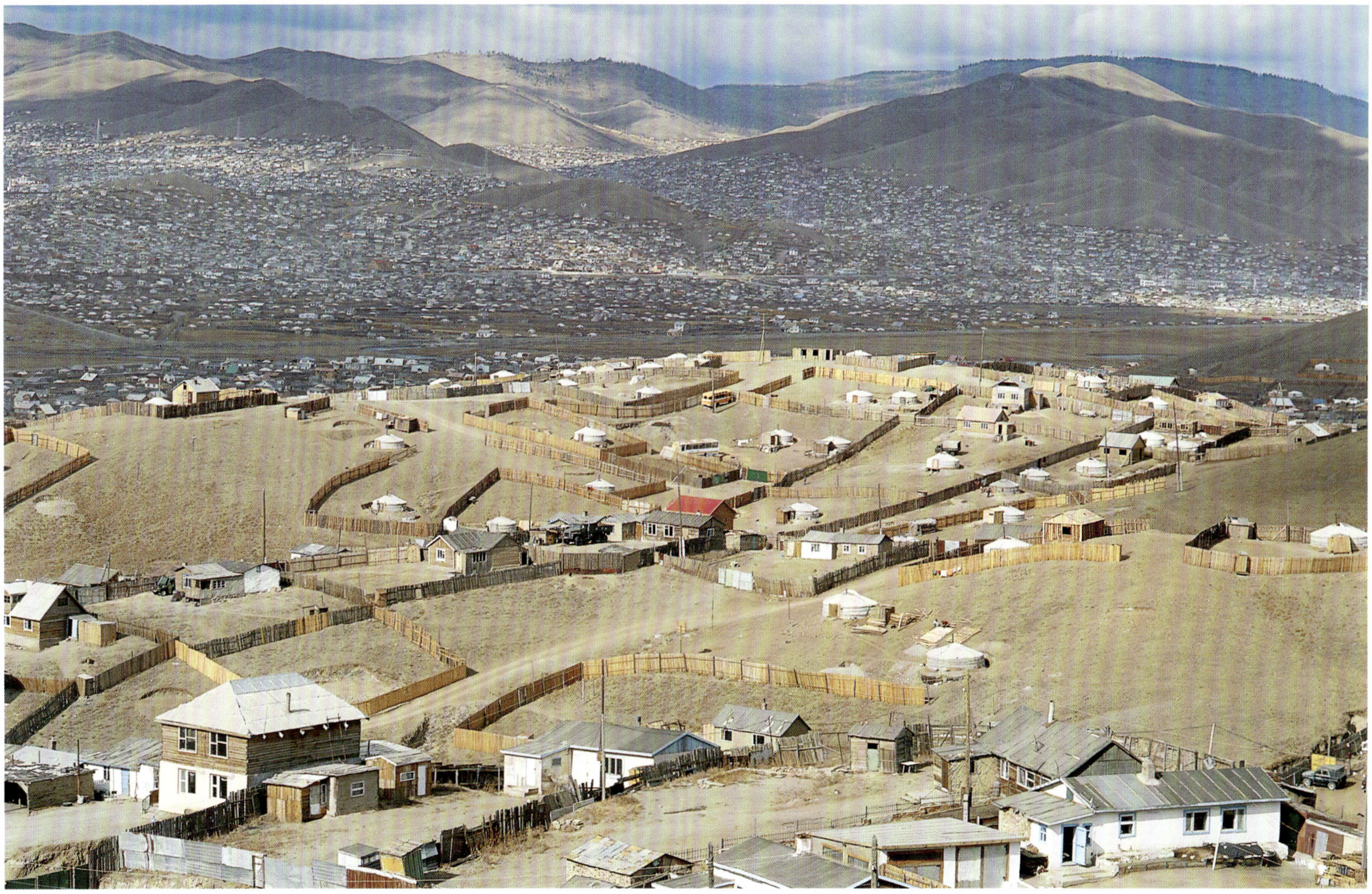

gen Grünflächen sind mit der Luftreinigung überfordert. Wo noch im letzten Jahrhundert Kühe und Schafe unbehelligt entlangtrotteten, stauen sich jetzt Automassen im regellosen und lebensgefährlichen Durcheinander. Zunächst wenig anheimelnd ist auch die Architektur Ulaanbaatars, die nicht allzu viel fürs Auge bietet: Plattenbauten am Stadtrand und sonst schlichte, praktische Steinhäuser, denen wenigstens ihr farbiger Putz ein freundliches Aussehen verleiht. Stilvoller gibt sich da schon die Gegend um den Suchbaatar-Platz, wo die meisten der offiziellen Gebäude stehen. Hier findet man sowjetischen Neoklassizismus in vielfältigen Varianten, mit Giebeln und verspielten Kapitellen über den Säulen. Das Zentrum des Platzes dominiert noch immer das Reiterdenkmal des kommunistischen Staatsgründers Suche Baatar (1893–1923). Dagegen ist der ungeliebte Nachbau des Moskauer Leninmausoleums mit der Mumie jenes Volkshelden bereits entfernt worden und auch dem strengen, altmodischen Parlamentsgebäude wurde eine komplett neue Fassade aus hellem Stein vorgesetzt.

Doch während der sowjetische Einfluss für die Architektur sogar eine gewisse Bereicherung darstellte, litt die buddhistische Kultur arg unter den Besatzern. Viele Klöster wurden zerstört, Mönche und Gelehrte verfolgt. Seit den 1990er Jahren erwachen nun die wenigen erhaltenen Tempelkomplexe wieder zu religiösem Leben oder fristen – immerhin – ein Museumsdasein. Das Gandan-Kloster, heute größtes aktives Kloster und Zentrum des Buddhismus in der Mongolei, war von 1938 an für einige Jahre geschlossen. In seinem Haupttempel Megdschid Dschanrajsig erwartet die Besucher Außergewöhnliches: Zunächst erblicken sie goldene Zehen – jede einzelne von der Größe des uns bekannten Medizinballs. Beim Nähertreten dann gleitet der Blick an der vergoldeten Statue nach oben, bis unter das Dach und mitten hinein in die großen, ultramarinblauen Pupillen des fast 27 Meter hohen Buddhas des Augenlichts – ein unvergesslicher Anblick.

Fortsetzung S. 140

Ganz oben *Immer weiter dehnt sich Ulaanbaatar aus.*

Oben *Obertongesang und Tanz zum rauen Klang der Pferdekopfgeige.*

Links *Ein Blick zurück. Soeben hat der Zug die Grenze zu China überrollt.*

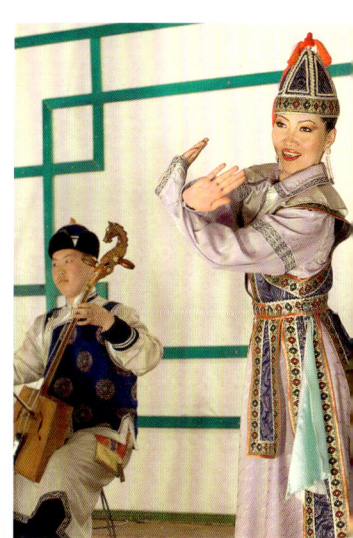

MARCUS LORENZO TAFT

»Die moderate Geschwindigkeit dieser
russischen Expresszüge erinnert an Kamele, seit Ewigkeiten gewohnt, die uner-
messliche Wüste zu durchqueren.
Niemals geruhen sie, wie Rassepferde in
dem Moment des Startsignals loszufah-
ren. Stattdessen setzten sie sich, schnau-
fend wie ein geduldiges Kamel, erst nach
drei Signalen in Bewegung, gleichsam wie
ein Taschenmesser, dessen Klinge in
mehreren ruckartigen Bewegungsabläu-
fen gezückt wird, und gemahnen an ein
Kamel, das sich erst auf die Knie erhebt,
dann auf die Hinterbeine und schließlich
auf den Vorderbeinen zu stehen kommt.«

Fremdes Sibirien, 1909

Nebel des Flusses Orchon breiten sich über die Steppe aus.

MONGOLISCHES OLYMPIA

DAS NAADAMFEST

Schwitzende Männer, dampfende Pferde, Anspannung pur: Zwei Tage im Jahr steht die gesamte Mongolei Kopf, wenn sich am 11. und 12. Juli die besten Sportler des Landes in ihrer Hauptstadt Ulaanbaatar im Ringkampf, Bogenschießen und Pferderennen messen. Wer weder in einem der zwei Stadien noch auf der Rennbahn live dabei sein kann, sitzt unter Garantie über 48 Stunden lang wie gebannt vor dem Fernsehapparat. Überall werden auf die Sieger Wettprämien gesetzt und man philosophiert über die Tricks und Techniken der Stars.

Naadam bedeutet Kampfspiel und die ursprüngliche Bezeichnung lautete *Eriyn Gurwan Naadam* »drei Spiele der Männer«. Schon vor über 2000 Jahren, als noch die Hunnen auf dem Gebiet der Mongolei lebten, wurden anlässlich von Hochzeiten oder Geburten solche Wettkämpfe ausgetragen. Einerseits geschah dies zum Vergnügen der Zuschauer, andererseits ging es darum, die Fähigkeiten der Krieger für den Ernstfall zu prüfen. Aus dem Reich Dschingis Khans stammt sogar ein Gedenkstein, dessen Inschriften über Naadamveranstaltungen zwischen 1219 und 1225 berichten. Dabei sei einst der Pfeil des Bogenschützen Jesönchij Mergen über 500 Meter weit geflogen. Und bis heute pflegt man das Bogenschießen, bei dem aus unterschiedlichen Entfernungen auf kleine Riemenkörbchen von der Größe einer Getränkedose gezielt wird.

Im 17. Jahrhundert besetzten Mandschuren aus dem Osten die Mongolei und unterdrückten aus Angst vor einem Wiedererstarken des er-

weste tragen. Letztere muss die männliche Brust unbedingt frei lassen. Denn einer alten Sage zufolge tauchte einst ein unbekannter Teilnehmer auf, der alle anwesenden Ringer besiegte und sich schließlich zu deren Schmach als Frau entpuppte. Der Mann, dem es gelingt, fünf seiner Gegner zu besiegen, erhält den Titel *natschin* (Falke). Beim Sieg über sieben Gegner wird man zum *dsaan* (Elefant) und der Gesamtsieger der Saison wird zum *arslan* (Löwe) gekrönt. Gewinnt nun ein Löwe zum zweiten Mal ein Naadam, wird er zum *awraga* (Riese) und bei jedem weiteren für sich entschiedenen Naadamfest wird ihm ein Attribut vorangestellt. So trug der erfolgreichste Ringer aller Zeiten, Chorloogiyn Bajanmunch, letztlich den Ehrfurcht einflößenden Bandwurmtitel »Der Gefällige Nationale Berühmte Mächtige Unbesiegbare Riese«.

Fast so beliebt wie das Ringen ist bei den Zuschauern das Pferderennen. Man versammelt sich wenige Kilometer außerhalb von Ulaanbaatar zu beiden Seiten des Zieleinlaufs. Die Reiter starten in Gruppen von mehreren Hundert.

Klein und leicht müssen die Jockeys sein, deshalb werden hierfür Jungen und Mädchen im Alter zwischen sechs und zwölf Jahren eingesetzt. Zweijährige Wallache legen eine Strecke von 15 Kilometern durch die Steppe zurück; mit zunehmendem Alter des Pferdes steigert sich auch die Länge der Rennstrecke bis auf 30 Kilometer. Stuten nehmen nicht teil, das Hengstrennen ist der Höhepunkt. Mit großem Jubel begrüßt die Menge das jeweilige Gewinnerpferd, das »Allererste von Zehntausend«. Jeder will es berühren, denn das bringt Glück.

1 *Vor den Toren Ulaanbaatars findet das Pferderennen statt.* **2** *Leichtgewichtige Kinder sind die besten Jockeys.* **3** *Ringer beobachten die Konkurrenz im Stadion.* **4** *Mit einem archaischen Tanz wird das Ringen eingeleitet.* **5** *Körpermasse ist eindeutig von Vorteil.* **6** *Solch ein Ringkampf kann sich über Stunden hinziehen.* **7** *Beinahe alles ist erlaubt, um den Gegner zu Boden zu zwingen.* **8** *Die dritte Wettkampfdisziplin ist das Bogenschießen.*

folgverwöhnten Landes jegliche öffentliche Zusammenkünfte. Dazu zählte auch das Naadamfest. Erst 1921 verknüpfte die neue kommunistische Regierung das althergebrachte Fest mit dem 11. Juli, dem Siegestag der Volksrevolution. Seitdem ist seine Popularität wiederhergestellt und bis heute ungebrochen.

Geht es beim Naadam um die beliebteste Sportart der Mongolei, das Ringen, fiebern alle mit. Im Mittelpunkt stehen mächtige Kämpfer, die Stiefel, einen Slip und eine knappe Seiden-

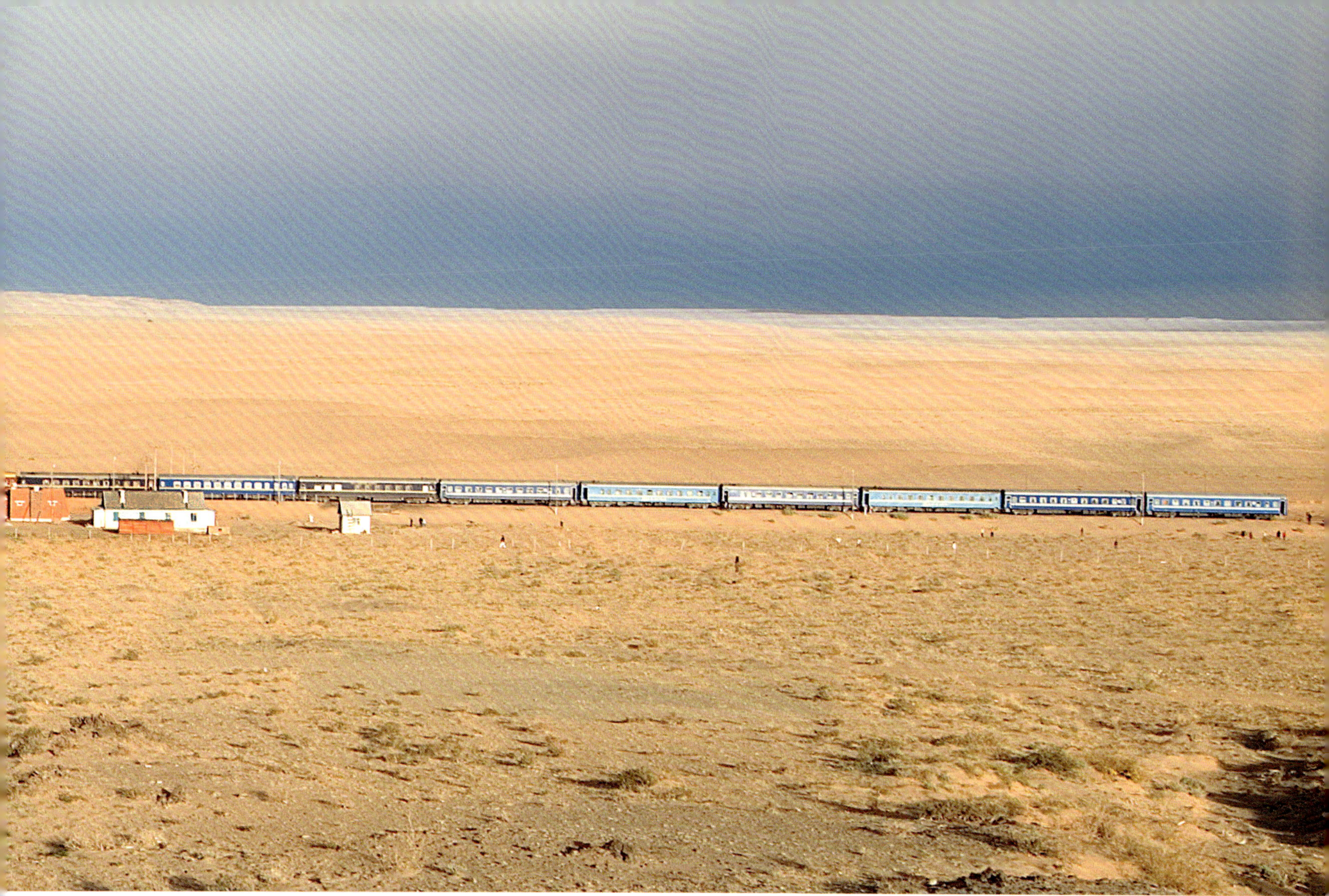

Oben *Verloren in der grenzenlosen Wüste wirken die winzigen Bahnstationen der Gobi.*

Linke Seite unten *Das genügsame Kamel ist der ideale Begleiter für die Wüstenbewohner.*

Ganz links *Der Wind trägt die seltsamen, für westliche Ohren ungewöhrnlichen Gesänge in die Ferne. Eine musikalische Darbietung für die Gäste des »Zarengold«.*

Links *Unablässig verteilt der Wind den Wüstensand um.*

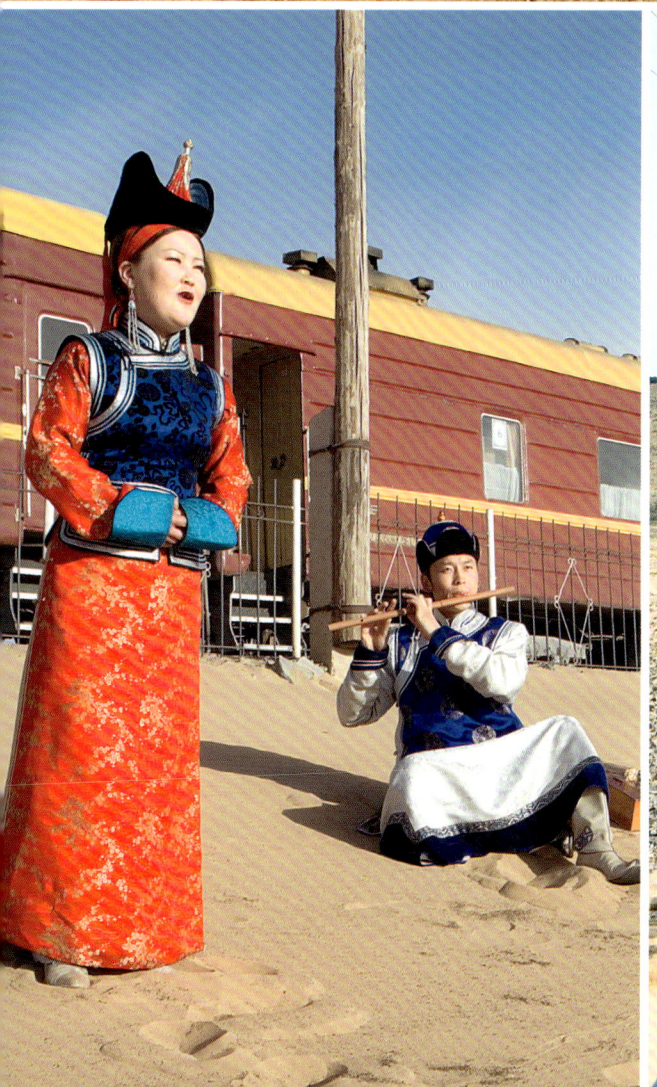

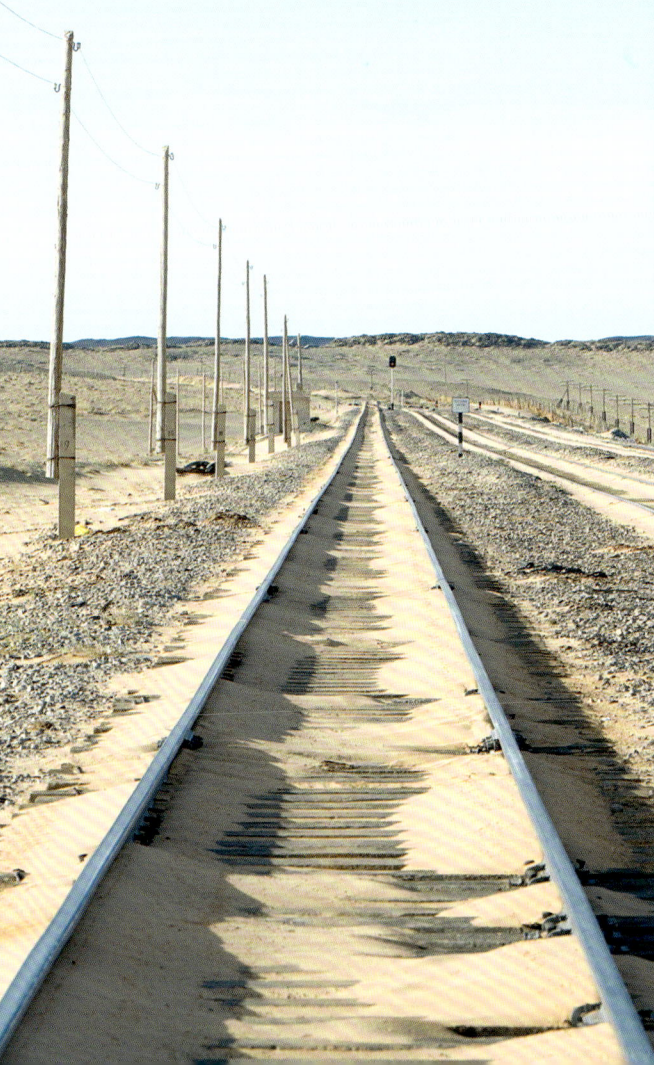

GANZ OBEN *1586 wurde das erste mongolische Kloster namens Erdene Dsuu gegründet.*

OBEN *Der weiße Buddha von Darchan.*

RECHTS *Im Kloster Dashchoilon in Ulaanbaatar.*

Neben einer Reihe ungewöhnlicher Museen macht vor allem das quirlige asiatische Großstadtleben den Aufenthalt unvergesslich. Unbedingt sollte man sich von einem traditionellen Konzert bezaubern lassen, von den ungewöhnlichen Instrumenten und den Liedern, die die Endlosigkeit der Steppe fühlbar machen. Besonders faszinierend ist der berühmte Obertongesang, von einer Pferdekopfgeige untermalt. Die unglaublich biegsamen Schlangentänzerinnen oder die Kamelshow im Zirkus, der Trubel auf dem weitläufigen »Schwarzmarkt«, die saftigen *buuds* (fleischgefüllte Dampfnudeln) in den Imbissstuben – der Zerstreuungen gibt es viele. Vielleicht unternimmt man auch einen Ausflug zu den die Fantasie anregenden Felsformationen im nahen Terelsch-Nationalpark oder zu einem Jurtencamp am Flüsschen Tuul, bevor man die Reise fortsetzt und mit dem Zug wieder Kurs auf China nimmt.

Südlich von Ulaanbaatar geht die Fahrt durch großartige Bergsteppen, bis nach gut 200 Kilometern die Berge flacher und flacher werden. Kurzes, trockenes Gestrüpp verdrängt das Steppengras, Geröll und ocker-

farbener Sand kündigen die Wüste Gobi an. Vor Jahrmillionen hätte man hier noch Sümpfe und riesige Seen in tropischem Klima angetroffen, doch dann prallte die Landmasse Indien auf den asiatischen Kontinent und schob den Himalaja auf. Dieser schirmte die Wolken von Süden her ab und dort, wo einst Dinosaurier ein Leben im Überfluss führten, entstand die größte zentralasiatische Wüste. Ungehindert fegt seitdem der Wind über die Lande und treibt den Sand vor sich her. Auf den höheren Erhebungen sind *owoos* zu sehen – locker zusammengetragene, den ortsansässigen Geistern gewidmete Steinpyramiden. Leere und Einsamkeit bestimmen das Bild; nur dann und wann leuchten ein paar Jurten in der Ferne auf oder eine Kamelherde zieht gemächlich vorbei.

In Dsamin Uud ist zum zweiten Mal auf dieser Route eine Grenze erreicht: Erneut müssen die Passagiere Ausreise- und Einreiseformulare ausfüllen, bevor man sie in das jüngst extrem erfolgreiche, pseudokommunistische China mit seiner 3000 Jahre alten Kultur hereinlässt. In der chinesischen Grenzstadt Erlian muss der Zug sodann umgespurt, also das Fahrgestell der russischen Breitspur- gegen eines der chinesischen Normalspurweite ausgetauscht werden. Erlian befindet sich am chinesischen Eisenbahnkilometer 842; ab jetzt wird rückwärts gezählt bis Peking – zum Kilometer null. Zunächst geht die Fahrt weiter durch die Wüste Gobi, durch die sogenannte Innere Mongolei. Im Gegensatz zur Äußeren Mongolei, dem eigenständigen Staat, gelang es dieser Region zu Beginn des 20. Jahrhunderts nicht, sich vom jahrhundertelangen Einfluss Chinas loszusagen.

Knapp sieben Stunden später leiten die chinesischen Schienen in die fast 2000 Jahre alte Stadt Datong, weltberühmt vor allem für ihre Wolkengrat-Grotten, eine Ahnenkultstätte der chinesischen Kaiser aus dem

GANZ OBEN *Markttreiben in der Altstadt von Datong, knapp 400 Kilometer vor Peking.*

OBEN *An einem Straßenimbiss garen die Dampfnudeln.*

LINKS *Kleine Mädchen spielen in einer Seitengasse.*

Vor den Toren Datongs ließen die Tobaherrscher der Nördlichen Wei zwischen 460 und 494 eine buddhistische Ahnenkultstätte anlegen: die Wolkengrat-Grotten. Die prächtig mit Reliefs und Malereien verzierten Felshöhlen sind mit Buddhaskulpturen von bis zu 17 Metern Höhe ausgestattet.

OBEN *Genügend Zeit für ein Make-up.*

RECHTS *Das Mobiltelefon ist das Lieblingsspielzeug der chinesischen Jugend.*

OBEN RECHTS UND RECHTE SEITE *Am Fenster gleitet die verwunschene Traumlandschaft des Taihanggebirges vorbei, bevor der Zug Kurs auf Peking nimmt.*

SEITE 146/147 *Die einst über 6000 Kilometer lange Große Mauer war ein Bollwerk gegen die Nomadenvölker aus dem Norden.*

vierten Jahrhundert. Im stadtnahen Örtchen Yungang wurden insgesamt 53 buddhistische Felshöhlen in den Steilhang des Wuzhou-Berges gehauen. Sie sind mit Buddhastatuen von bis zu 17 Metern Höhe ausgestattet, aufwendig ausgemalt oder mit Reliefs versehen. Das heutige Datong selbst, eine Industriestadt mit etwa einer Million Einwohnern, kann man nur schwerlich eine Schönheit nennen. Allenfalls nachts wirkt ihr Markt unter einem Dschungel aus Reklametafeln und Leuchtschriften wie verzaubert.

Der Zug verlässt die Ebene von Datong und erreicht eine sanft hügelige, von schmalen Gemüse- und Reisfeldern überzogene Gegend. In der Hocke und gegen

IM LAND DES DRACHENS

Fischschuppen bedecken seinen schlangengleichen Körper, eine Pferdemähne ziert den kamelartigen Kopf mit dem Maul eines Tigers und seine Füße ähneln Adlerklauen – der chinesische Drache ist seit Jahrtausenden nicht nur das Nationalsymbol Chinas, sondern war vor allem auch das Zeichen des Herrschers, der als Sohn des himmlischen Drachen galt. Die Kaiserfamilien aller Dynastien dekorierten ihren gesamten Besitz mit Darstellungen dieses Fabelwesens, wie in der Verbotenen Stadt in Peking aus jedem Detail ersichtlich wird. Auch die Mauern vor den Palästen überzog man häufig mit prächtigen Drachenmustern aus glasierten Ziegeln. Die Neun-Drachen-Wand in Datong von 1392, die einst den Eingang des Palastes von Prinz Dai Zhu Gui von neugierigen Blicken abschirmte, ist mit 8 Metern Höhe und 45,5 Metern Länge die mächtigste und älteste Drachenwand ganz Chinas.

die heiße Sonne durch Strohhüte geschützt hegen Männer und Frauen die zarten Pflänzchen. Dazwischen tauchen immer wieder schmutzige Industrieanlagen und dicht gedrängte Hüttensiedlungen auf. Kein Fleckchen Erde bleibt hier ungenutzt. Der Reisende bekommt bereits eine leise Ahnung von den schweren Umweltverwüstungen, die als Folge des Wirtschaftswunders der letzten Jahrzehnte entstanden. Wie um diese Gedanken zu widerlegen, beginnt ungefähr ab dem Kilometer 175 das atemberaubend schöne Taihanggebirge. Steil ragen dessen Berge neben den Bahngleisen in die Höhe, Flüsschen sprudeln durch saftige, enge Täler und immer wieder wechseln sich Tunnel mit hohen Brücken in rascher Folge ab.

Früher fuhren die Züge auf einer nördlicheren Strecke nach Peking ein, sodass die Passagiere bei dem Städtchen Badaling einen Blick auf die Große Chinesische Mauer erhaschen konnten. Im 3. Jahrhundert v. Chr. vereinigte der Herrscher Qin Shi Huangdi (259–210 v. Chr.) die chinesischen Fürstentümer zu einem Großreich und ließ deren zahlreiche kleine Schutzmauern gegen die Nomadenstämme aus dem Norden zu einem einzigen gigantischen Bauwerk von mehr als 6000 Kilo-

metern Länge zusammenfügen. Auch wenn dieses Monument heute für den Zugreisenden unsichtbar bleibt – kein Grund zur Traurigkeit, von Peking lässt sich bequem ein Ausflug dorthin organisieren.

Beinahe eineinhalb Stunden lang rollt der Zug durch die öden Vororte der chinesischen Hauptstadt, bis er in den hochmodernen Pekinger Westbahnhof einfährt. Als Tourist nimmt man nun am besten ein Taxi für die Fahrt

LINKE SEITE *Am Pekinger Westbahnhof kommen die Züge aus der Mongolei an.*

OBEN LINKS *Vor dem Pekinger Hauptbahnhof herrscht zu jeder Tageszeit Hochbetrieb.*

LINKS *Einer der repräsentativen Wartesäle im Hauptbahnhof.*

OBEN *Die traditionellen Fahrräder der Straßenreinigung vor der modernen Architektur der Zhihuan Plaza.*

OBEN *Die bronzenen Löwen in der Verbotenen Stadt in Peking repräsentieren die kaiserliche Macht.*

OBEN RECHTS *Dekor im Dongyue-Tempel.*

RECHTS *Das Tor des Himmlischen Friedens mit dem Porträt Maos ist Sinnbild des chinesischen Staates.*

RECHTE SEITE *Reiche Verzierungen an der Halle der Ernteopfer im Himmelstempel.*

zu seiner Unterkunft und reiht sich somit in die stinkenden und lärmenden Autokolonnen ein, die seit den 1990er Jahren die gewaltigen Fahrradströme, für die Peking so bekannt war, ablösten.

Diejenigen, die weiterhin zum Radfahren gezwungen sind, setzen sich dem Risiko von Atemwegserkrankungen aus. Auch die Unfallgefahr ist nicht zu unterschätzen, schließlich stellen Ampeln für chinesische Autofahrer nicht mehr als eine gut gemeinte, aber nicht ernst zu nehmende Empfehlung dar.

Peking hat sich in den letzten Jahren rasant verändert, aus dem großen Dorf ist eine Weltstadt geworden – die alten, verwinkelten Hutongs, die traditionellen Wohnhöfe, weichen riesigen Einkaufstempeln und himmelstürmenden Wohn- und Bürohochhäusern. Zum Glück gibt es noch Ruhepole, um der Hektik des modernen Alltags entfliehen zu können. Die liebevoll gepflegten Parks nutzen bewegunsfreudige Chinesen zur körperlichen Ertüchtigung in den frühen Morgenstunden. Auch die schier unendliche Fülle an Sehenswürdigkeiten, an uralten und doch zeitlosen Monumenten, kontrastiert durchaus angenehm mit der zeitgenössischen Architektur.

Erster Anlaufpunkt für Besucher ist meist der Platz des Himmlischen Friedens, der Tian-Anmen-Platz, der am 4. Juni 1989 traurige Berühmtheit erlangte, als die Kommunistische Partei eine Demonstration Tausender friedlicher Bürger für mehr Demokratie blutig niederschlagen ließ. Heute kreisen vor der Großen Halle des Volkes selbst gebaute Drachen majestätisch durch die Lüfte, kunstvolle und gänzlich unkritische Konstruktionen. Vor dem Obelisken, dem Denkmal des Volkshelden, halten Kinder Wache und das Mausoleum des langjährigen Präsidenten Mao Zedong (1893–1976) steht unantastbar in der Mitte des Platzes. Am Vordertor verkaufen Händler

Linke Seite Morgens treffen sich die Pekinger Bürger in den Parks zur Körperertüchtigung und Kulturpflege.

Mao-Souvenire mit seinem Bildnis auf Wandtellern, Krawattennadeln und Kettenanhängern. Trotz seiner fatalen politischen Aktionen, die viel Leid über sein Volk brachten, blieb die Person Maos bis heute sakrosankt.

Selbst das Tor des Himmlischen Friedens, der Haupteingang zum alten Kaiserpalast, ist mit seinem Porträt dekoriert. Hier drängen sich die meisten Touristen, denn eine Besichtigung der Verbotenen Stadt, wie der Palast auch genannt wird, gehört zum absoluten Muss. Die herrschaftlichen Hallen und Höfe stammen aus dem 15. Jahrhundert, der Zeit, als die Mongolen, die für zwei Jahrhunderte die Macht in China an sich gerissen hatten, verjagt waren und die neue Ming-Dynastie erfolgreich etabliert war. 13 der insgesamt 16 Ming-Kaiser bettete man auf einem weitläufigen Gelände 50 Kilometer nördlich von Peking zur letzten Ruhe – und jedes einzelne der weit verstreut liegenden Mausoleen erinnert in seinem Aufbau und seiner Pracht an die Verbotene Stadt.

Zur gleichen Zeit wie der Kaiserpalast entstand auch die Anlage des Himmelstempels, einem von vier großen Altarkomplexen zur Anbetung von Himmel, Erde, Mond und Sonne. Im Lauf der Jahrhunderte war aus vielfälti-

gen Einflüssen wie lokalem Schamanismus, daoistischer Sichtweise und Buddhismus eine den chinesischen Weltvorstellungen angepasste Volksreligion entstanden, die die allumfassende Natur als ein einziges, vom Heiligen durchwirktes Reich ansieht. Andere Tempel haben zwar meist eine Ausrichtung auf den Buddhismus oder den Daoismus, eine den rhythmischen Wandel propagierende Philosophie und Religion, aber dennoch ver-

Ganz oben links Blick vom Kohlehügel Richtung Trommelturm.

Ganz oben rechts Weiße Pagode im Behei-Park.

Oben Die Allee der Steinernen Statuen zu den Ming-Gräbern.

OBEN *Gemüsestand in einem Hutong-viertel. Die vielfältige chinesische Küche verlangt nach frischen, aromatischen Zutaten.*

RECHTS *In China kann man viele seltsam anmutende Delikatessen verkosten.*

mischen sich fast immer verschiedene architektonische Elemente und Bräuche. Der aus Indien stammende Buddhismus ist mit Sicherheit die tonangebende Lehre, die seit ihrer ersten Blütezeit im siebten Jahrhundert aus China nicht mehr wegzudenken ist. Der Pekinger Lamatempel ist der eindrucksvollste Vertreter des Buddhismus, in diesem Fall mit tibetischer Ausrichtung. Bereits über die Tempelmauern hinweg weht dem Besucher der sanfte Geruch von Räucherstäbchen entgegen; er durchwandert eine Allee von Ginkobäumen und gelangt in den ersten Innenhof, in dem sich die duftenden Rauchschwaden zu Nebel verdichten. Vor der rotbraun getünchten Halle der Himmelskönige zünden hauptsächlich junge Leute im Feuer der Bronzewannen ihre Stäbchen an und knien auf der langen Bank nieder – die Augen fest geschlossen, die Hände mit dem brennenden Bündel in Richtung Halleneingang gestreckt, wo der vergoldete Maitreya-Buddha der Zukunft über das ganze Gesicht lacht. Offiziell sind die Chinesen Atheisten, doch werden seit Maos Ableben religiöse Rituale wieder geduldet.

Flaniert man durch Peking, wandelt man zwischen Zeiten und Extremen: an dem einen Tag durch die Fußgängerzone Wangfujing Dajie – an noblen Ladenketten

und schlicht-modernen Kaufhausbauten vorbei, anderentags genießt man den Anblick der niedrigen Holzhäuschen in der Antiquitätenstraße Liulichang und besucht anschließend die Pekingoper. Das eine Mal verspeist man im romantischen Hutongviertel am Qian-Hai-See eine traditionelle Pekingente, am nächsten Abend sitzt man im neonbeleuchteten Fast-Food-Restaurant. Von den dicht befahrenen, achtspurigen Hauptstraßen führen kleine Seitengassen zu verschrobenen Hutongs ab, und vom Sommerpalast, der größten und besterhaltenen Gartenanlage Chinas, sieht man durch den Dunst die fernen Wolkenkratzer emporragen.

In dieser Stadt, in der Beschaulichkeit und Größenwahn so eng beieinander liegen, endet die Reise mit der Transsibirischen Eisenbahn ähnlich kontrastreich und doch so vollkommen anders, als sie vor vielen Tagen tief im Westen, in der russischen Hauptstadt Moskau begonnen hat – sofern man sich nicht schon lang vorher auf die Alternativroute nach Wladiwostok begeben hat.

Oben *In der von Touristen stark frequentierten Antiquitätenstraße Liulichang.*

Links *In dem romantischen Ausgehviertel am Qian-Hai-See warten gute Restaurants auf Kundschaft.*

DAS ST. PETERSBURG DES FERNEN OSTENS
HARBIN – DIE RUSSISCHSTE STADT CHINAS

Stimmengetöse hallt durch die engen Straßenzüge rund um den Bahnhof und in den breiten Magistralen wimmeln Menschen, Busse, Autos und Pferdefuhrwerke durcheinander – überall herrscht buntes, typisch chinesisches Treiben.

Harbin galt einst als das St. Petersburg im Fernen Osten, war nicht nur attraktiv und grün, sondern vor allem russisch. Die Geschichte der Stadt begann mit dem Bau der Ostchinesischen Eisenbahn, die heute als transmandschurischer Abschnitt bezeichnet wird und den russischen Ort Tarskaja mit Wladiwostok verbindet. Dabei führt die Strecke quer durch die Mandschurei.

Deutschland, Frankreich und Russland hatten 1895 die Japaner aus Nordchina vertrieben und erwarteten eine Gegenleistung. Die Russen erschmeichelten sich daraufhin das Durchfahrtsrecht in der Mandschurei, pachteten einen 25 Kilometer breiten Korridor und konnten so das ferne Wladiwostok an die Transsibirische Eisenbahn anschließen. Am 16. August 1897 begannen die Bauarbeiten in dem zur Bau- und Betriebszentrale erhobenen Fischerdorf Harbin.

Scheinbar war dies nicht genug der Belohnung. Im Dezember 1897 setzte sich ein russi-sches Flottengeschwader in Port Arthur fest und brachte das schwache China dazu, die ganzjährig eisfreien Pazifikhäfen Dalnyj (ehemals Talie-wan, heute Dalian) und Port Arthur (heute Lüs-hun) ebenfalls an Russland zu verpachten. Sinn-vollerweise musste eine Stichstrecke von Harbin aus dorthin gebaut werden, die Südmandschu-rische Eisenbahn.

Beide Bahnlinien wurden 1903 für den Durchgangsverkehr eröffnet. Doch nur ein Jahr später überfielen die Japaner nachts in Port Ar-thur die russischen Schiffe und eröffneten den Russisch-Japanischen Krieg. Russland verlor und büßte somit die südmandschurische Strecke ein.

Die Arbeiterscharen, die sich zum Eisen-bahn- und Brückenbau in Harbin niedergelassen hatten, machten aus dem unbedeutenden Dorf eine Stadt. Russische wie chinesische Siedler zog es gleichermaßen in das Klein-Russland auf dem Boden Chinas. Zu ihrer großen Blüte gelangte Harbin, als sich nach der Oktoberrevolution 1917 viele Flüchtlinge hier niederließen. 1928 kam der Abenteurer und Schriftsteller Kurt Faber (1883 bis 1929) in die Stadt und war von ihrer Vor-nehmheit beeindruckt: »Charbin ist eine Stadt, die auf ihre Art schon Weltgeschichte geschrie-ben hat in diesen letzten Jahren. Und das sieht man ihr an. (...) Der Himmel war hier noch höher und der Zar noch weiter wie anderswo in dem großen Reiche. Da konnte sich zur Not jeder per-fekt wie ein kleiner Zar vorkommen und sich mit einem entsprechenden Hofstaat umgeben.«

Doch bald schon sollten diese paradiesglei-chen Umstände ein Ende finden, denn 1931 ge-lang es den Japanern, die gesamte Mandschurei zu besetzen. Sie gründeten das Protektorat Mandschukuo, von dem aus sie ganz China er-obern wollten. Eiligst verließ daraufhin der Großteil der russischen Einwohner Harbin. Erst 1945, nach der Kapitulation Japans, erhielt Russ-

4

5

lassen Tigern gehört und die Wahrscheinlichkeit, dass sie in Einzelteilen in der Traditionellen Chinesischen Medizin Verwendung finden, ist ungleich höher.

Jedoch macht erst die Eigentümlichkeit, die der Kontrast des chinesischen Lebens inmitten russischer Architektur erzeugt, die Stadt zu etwas ganz Besonderem. Von den etwa 3,2 Millionen Einwohnern ist nur noch eine Minderheit russischer Herkunft, aber das Erbe ihrer Vorfahren dominiert das Stadtbild. Im alten Zentrum schlängelt man sich durch den Strom einkaufender Chinesen und probiert auf den Naschmärkten Tintenfischspieße und gegrillte Skorpione. Ein chinesischer Schriftzeichendschungel bedeckt die Fassaden – ein beißender Widerspruch zu dem historistischen Stilgemisch mit eindeutig russischer Vorliebe für Türmchen und Kuppeln. Vom farbigen Putz hebt sich der weiße Fassadenschmuck ab – überall gotische, barocke, klassizistische und Jugendstilelemente. Harbins Charme ist eben widerspenstig und seltsam, dafür aber ungeheuer faszinierend.

land die gesamte Ostchinesische Eisenbahn und sogar Port Arthur zurück, musste aber schon zehn Jahre später alle Rechte entschädigungslos an das mittlerweile als Volksrepublik wieder auferstandene China übertragen.

Mit riesigen Industriekomplexen stieg die Mandschurei zur Vorzeigeregion des kommunistischen China auf. Als die Anlagen um die Jahrtausendwende völlig veraltet waren und dem Landstrich den Namen »Rostgürtel« einbrachten, traf das Schicksal Harbin nicht ganz so hart. Holzwirtschaft sowie riesige Kohle- und Erdölvorkommen halfen der Hauptstadt der wohlhabenderen Provinz Heilongjiang über die schwere Zeit hinweg und auch der Tourismus stellte damals wie heute eine sichere Einnahmequelle dar.

Vor allem im Winter erwartet Harbin Jahr für Jahr einen immensen Besucheransturm. Da es nur 90 bis 120 frostfreie Tage im Jahr gibt, sind die Bedingungen für das international bekannte »Eislaternenfest« optimal. Für die gewaltigen Skulpturen und großformatigen Paläste aus Eis, unter ihnen Nachbauten berühmter Bauwerke wie des Pariser Louvres, werden große Blöcke aus dem gefrorenen Fluss Songhua herausgesägt. Nachts erglühen die kalten Kunstwerke dann geheimnisvoll in farbigem Licht.

Auch der Safaripark der Sibirischen Tiger zieht Touristen an. Offiziell hat man sich hier die Aufzucht und Auswilderung der vom Aussterben bedrohten Tiere zum Ziel gesetzt. In Wahrheit hat aber noch niemand von in Freiheit ent-

1 *Die Sophiakathedrale wurde 1932 fertiggestellt.* **2** *Russischer Neoklassizismus kontrastiert mit chinesischer Lebensart.* **3** *Laue Sommernächte am Songhua, der auf russisch Sungari heißt.* **4** *Das russische Erbe der Stadt ist im Zentrum besonders offensichtlich.* **5** *Gern kauft man hier Matrjoschkas, Wodka und Schokolade als Souvenir.*

TAIGADICKICHT UND BLÜTENMEERE

VON ULAN-UDE NACH WLADIWOSTOK

In Ulan-Ude.

RECHTE SEITE GANZ OBEN
Die Kirche aus dem Altgläubigendorf Nikolsk wurde in das Ethnografische Freilichtmuseum von Ulan-Ude versetzt (links).

Den Bahnhof ziert eine alte SU-205 (Mitte).

Noch immer werden die Aushänge des Puppentheaters von Hand gemalt (rechts).

OBEN *Der 1971 errichtete, bronzene Leninkopf ist 42 Tonnen schwer und 7,7 Meter hoch.*

RECHTS *Auf dem Platz der Räte vor dem Burjatischen Opern- und Balletttheater wurde anlässlich des burjatischen Neujahrsfestes eine Eisskulpturenstadt erschaffen.*

M it dem Versprechen im Herzen, einmal wiederzukommen, haben die Reisenden Abschied genommen vom traumhaft schönen Baikal und gleiten nun durch das Tal der Selenga. Seit gut zwei Stunden schon geht die Fahrt durch die zur Russischen Föderation gehörende Republik Burjatien, wo neben den Russen vor allem das Volk der Burjaten beheimatet ist. Diese den Mongolen ähnelnde Volksgruppe ist eine der über 100 Ethnien, die seit vielen Jahrhunderten oder gar Jahrtausenden in Sibirien als Jäger, Fischer und Viehzüchter gelebt haben und sich dem russischen Staat im Laufe seiner Expansionsgeschichte unterwerfen mussten. Mit fortschreitender Landnahme der Eroberer aus dem Westen passten sie sich entweder deren Lebensweise an oder sie zogen sich in immer unwirtlichere Gegenden zurück, wo Hungersnöte und Epidemien ihre Bevölkerungszahlen reduzierten. Heutzutage gibt es immerhin Vereinigungen, die die Interessen dieser kleinsten Völker vertreten. Den größeren Völkern, wie den Burjaten, gestand Russland sogar eigene Republiken zu.

Ihre von den zerfurchten Hängen des Chamar-Daban-Gebirges umgebene Hauptstadt Ulan-Ude ist der nächste größere Haltepunkt an der Bahnlinie. Von den 390 000 Einwohnern sind jedoch nur etwa ein Fünftel burjatischer Abstammung und diese haben sich in ihrer Lebensführung längst den Russen angeglichen. So ist auch die Stadtgeschichte, die Ende des 17. Jahrhunderts mit der Kosakenfestung Werchneudinsk begann, in erster Linie eine russische. 1934 erfolgte dennoch die Umbenennung in den burjatischen Namen Ulan-Ude, was »Rote Uda« bedeutet und sich auf das Flüsschen Uda bezieht, das hier in die Selenga mündet.

Wenn mittlerweile auch viele der Gebäude jüngeren Baudatums mit burjatischer Ornamentik verziert sind, so wird das historische Stadtbild doch von der russischen Kultur dominiert. Skurriles Wahrzeichen der Stadt ist ein sowjetisches Relikt auf dem zentralen Platz der Räte: Umgeben von kommunistischer Architektur lagert dort auf einem gewaltigen Sockel ein 7,7 Meter hoher, aus Bronze gegossener Leninkopf, der größte der Welt.

Begibt man sich von hier aus die steile Leninstraße in Richtung Uda hinunter, so kann man Haus für Haus und Schritt für Schritt immer tiefer in die Geschichte der Stadt eindringen. Zunächst passiert man das Ehrentor für den Thronfolger Nikolaj II., der 1891 auf sei-

ner Rückreise von Wladiwostok, wo er die Grundsteinlegung der Transsibirischen Eisenbahn vollzog, die Stadt besuchte. Einige Hundert Meter weiter geht die Straße in eine Fußgängerzone über. Zwischen den aus Stein erbauten Kaufmannsvillen des 19. Jahrhunderts fällt ein einstöckiges Holzhaus ins Auge, in dem einst der Zarewitsch übernachtet hat; heute ist hier das Stadtgeschichtliche Museum untergebracht. Vorbei an den Arkaden der Handelsreihen vom Anfang des 19. Jahrhunderts spaziert der Besucher direkt auf den schneeweißen Odigitrija-Dom zu. Die Barockkirche wurde 1785 fertiggestellt und ist eine der schönsten ihrer Art in

Ostsibirien und zudem das erste Steingebäude von Werchneudinsk. In den Straßenzügen um sie herum drängen sich bis an die Uda heran die ältesten Zeugen der russischen Stadtgeschichte – vom Alter gebückte Holzhäuschen.

Althergebrachte Zeugnisse burjatischer Architektur sucht man im Stadtgebiet vergebens, denn die einzigen bedeutenden Bauten der Burjaten, ihre buddhistischen Klöster, wurden unter Stalins Terrorherrschaft zerstört und die Mönche zu Zwangsarbeit oder zum Tod verurteilt. Seit den 1990er Jahren beleben die Burjaten nun ihr altes Kulturgut wieder, wozu auch der Neubau von Klöstern, sogenannter *dazans*, gehört. Eines von ihnen ist das Kloster Chambyn Chure am Stadtrand von Ulan-Ude, wo reger Betrieb in und um die frisch verputzten Tempelbauten herrscht. Noch beliebter und bekannter ist nur das 35 Kilometer südwestlich der Stadt gelegene Iwolginskij Dazan. 1945 von einer Handvoll Mönche mit einer Spezialerlaubnis eröffnet, gilt es inzwischen als zentrales Heiligtum des Buddhismus in Russland. Hier lebt und wirkt der Chambo-Lama, das Oberhaupt aller russischen Buddhisten. Transsibtouristen, die von Ulan-Ude aus den Abzweig der Transmongolischen

LINKE SEITE *Studenten für Modedesign haben diese an burjatische Traditionen angelehnten Gewänder entworfen.*

OBEN LINKS *Östlich von Ulan-Ude wird die Landschaft immer wilder und einsamer.*

OBEN *Das Volk der Burjaten ist eng mit den Mongolen verwandt.*

LINKS *Die Odigitrija-Kathedrale gilt als die prächtigste Barockkirche Ostsibiriens.*

GANZ OBEN In Sibirien hat man es mit dem Befolgen der Regeln und Gesetze noch nie so genau genommen.

OBEN Die Vorliebe der Russen für die kalte Leckerei beginnt schon früh.

Bahn in Richtung China befahren wollen, finden in den Klöstern Burjatiens einen Einstieg in die in Asien weit verbreitete buddhistische Kultur.

Auf der Hauptroute der Transsib hingegen nehmen die Züge Kurs auf die über 500 Kilometer entfernte Stadt Tschita. Lockere Mischwälder, Felder und bewirtschaftete Wiesen säumen die Gleise, ab und zu schwebt ein Dorf oder ein Städtchen vorbei. Graublaue Berge ziehen sich zu beiden Seiten am Horizont entlang – im Süden das Jablonowyjgebirge, im Norden das kleinere Zagan-Churtej. Dann taucht rechter Hand der Fluss Ingoda auf und begleitet über mehrere Kilometer die Einfahrt nach Tschita.

Zu Sowjetzeiten war die 300 000-Einwohner-Stadt ein Militärzentrum und somit für Ausländer geschlossen. Nach der Perestrojka tat sich die Hauptstadt des gleichnamigen Gebiets schwer, die Lethargie abzustreifen, und blieb bis über die Jahrtausendwende hinaus dem Charme des Verfalls verhaftet. Doch ganz langsam erwachte auch Tschita wieder aus dem Dornröschen-

schlaf und erfreut heute den Touristen mit einer freundlichen Ausstrahlung. Leider verstreuen sich sehenswerte Gebäude – wie herrschaftliche Geschäfts- oder Wohnhäuser und die hübschen, hölzernen Villen – weit über ein von allzu vielen schmucklosen Betonklötzen durchsetztes Stadtgebiet. Dabei sind sogar einige alte Holzkirchen erhalten geblieben und in einer von ihnen, der Erzengel-Michael-Kirche, ist ein kleines Dekabristenmuseum untergebracht. Hier schickten einst diese, aufgrund des missglückten Putsches im Dezember 1825 nach Sibirien verbannten Dekabristen (deutsch auch Dezembristen) ihre Gebete zum Himmel. In unmittelbarer Nähe dieser Kirche befinden sich eine Moschee und eine Synagoge, errichtet von den zahlreichen Juden und tatarischen Muslimen, die im 19. Jahrhundert nach Tschita gekommen waren. Sie etablierten sich erfolgreich in Verwaltung, Handwerk und Handel, doch wanderten die meisten unter Stalins Repressionen in den 1930er Jahren wieder ab. Das aus dieser Zeit verbliebene, enge Beieinander der Gebetshäuser dreier Re-

um. Hinter Karymskaja driften die Schienen der Hauptroute nach Norden ab und folgen dem Lauf des Grenz-
flusses Amur in sicherem Abstand. Die sanft bergige,
abwechslungsreiche und paradiesisch schöne Gegend
um die Amurbahn ist die am dünnsten besiedelte entlang der gesamten Transsibirischen Eisenbahn. Die far-
benfrohen Blütenteppiche der vorbeiziehenden Wiesen, leuchtend gelb, orange, rot oder weiß, wechseln
sich ab mit dichtem Wald.

Diese sogenannte »helle Taiga« aus Kiefern und Lär-
chen ist durchsetzt von Birken, die den südlichen Rand
der Nadelwaldzone markieren. Die »dunkle Taiga« dagegen – wo Tannen und Fichten nur wenig Licht zum
Boden durchlassen – wächst in den nördlicheren Breiten. In den Taigawäldern gibt es noch Bären, Wölfe und
Zobel, eine Marderart, dessen graubrauner Pelz das ehemals »weiche Gold« Sibiriens darstellte und der auch
heute noch gern gejagt wird. Annähernd jeder Mann in
dieser Region besitzt einen Waffen-, einen Jagd- und einen Angelschein. Die kurzen Sommer reichen kaum
aus, um nennenswertes Gemüse im Garten anzubauen,
und die Produkte in den Läden sind teuer. So dient die
Taiga mit ihrem reichen Angebot an Fisch, Fleisch, Beeren, Kräutern und Pilzen dem Menschen als Vorratskam-

Ganz oben *Jahrhun-
derte des Mangels
haben die Russen
erfindungsreich wer-
den lassen.*

Oben *Faszination
Wildnis vor dem
Zugfenster.*

Links *Die Geschichte
der transbaikalischen
Kleinstadt Chilok
begann mit dem Bau
der Transsib.*

ligionen hat Tschita den Ruf eines »sibirischen Jerusa-
lems« eingebracht.

Die Weiterreise führt zunächst durch sanft gewellte
Steppentäler. Schmale Flüsschen mit birkenbestande-
nen Ufern winden sich bald rechts, bald links der Schienen. Chinareisende, die auf der Strecke der ehemaligen
Ostchinesischen Eisenbahn in Richtung Mandschurei
weiterfahren möchten, steigen im Örtchen Karymskaja

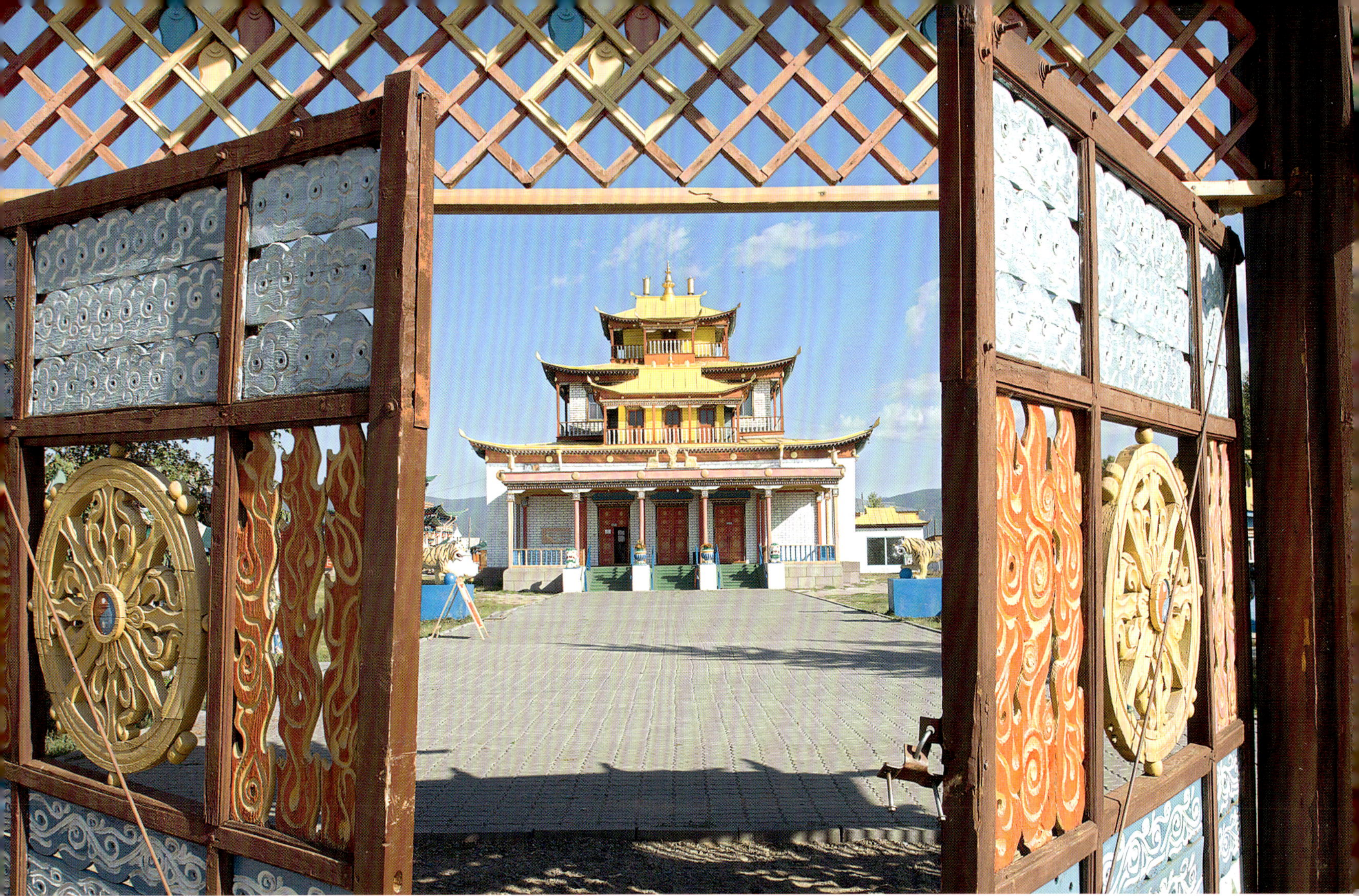

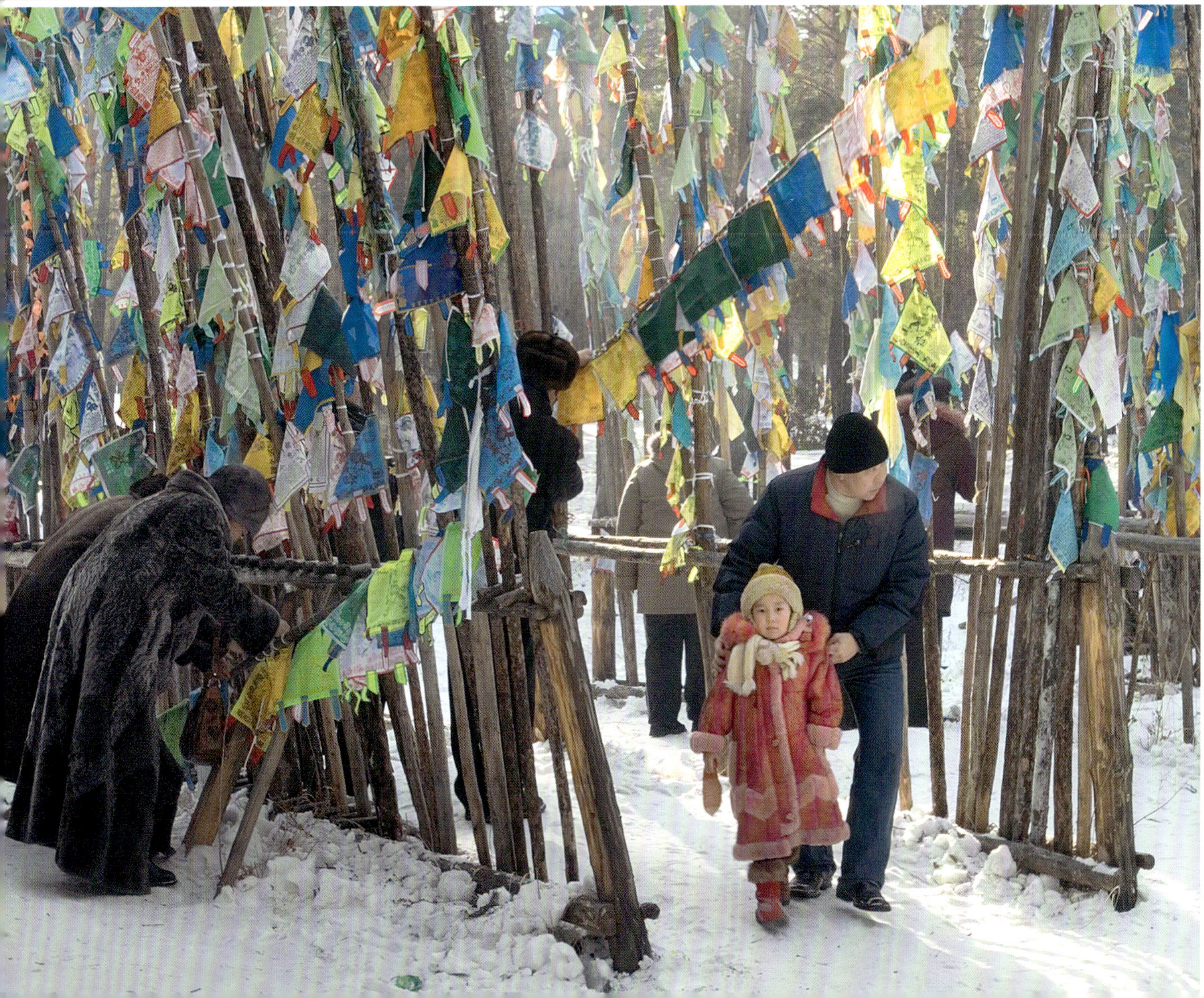

Linke Seite oben *Das buddhistische Rad der Lehre verziert einen Tempel des Iwolginskij-Klosters südlich von Ulan-Ude.*

Linke Seite unten *Hier lernen junge Mönche die Philosophie Buddhas und tibetische Medizin.*

Oben *Der Haupttempel des Iwolginskij-Klosters, dem Zentrum des burjatischen Buddhismus.*

Links *Am burjatischen Neujahrstag entsteht auf dem Gelände des Klosters Chambyn Chure ein dichter Wald von Gebetsfahnen.*

mer. Und gerade das Pilzesammeln scheint bei den Russen ohnehin eine Art Volkssport zu sein. Der Schriftsteller Wladimir Solouchin (geboren 1924) veröffentlichte 1967 eine Betrachtung jener Leidenschaft mit dem Titel »Die dritte Jagd«. Die Zuordnung des Pilzesammelns zur Jägerei begründet er mit der in dieser Tätigkeit enthaltenen Spannung: »Drei Pfund Erdbeeren oder zwei, ein halber Sack Nüsse oder ein ganzer. Kein einziges Mal aber wird unser Herzschlag aussetzen, wie dies zuweilen geschieht, wenn man auf eine Reihe kerniger Reizker oder einen besonders schönen, unter einer Fichte verborgenen Steinpilz stößt.«

LINKS *In den üppigen Blumenwiesen Transbaikaliens.*

GANZ OBEN *Wenn die Taigaböden auftauen, rauschen zahlreiche Flüsschen durch die sumpfigen Wälder.*

OBEN LINKS UND OBEN *Die Ostsibirjaken genießen die kurzen, heißen Sommer in vollen Zügen.*

SEITE 168/169
*Die im Winter bitter-
kalte und im Sommer
morastige Stadt
Mogotscha.*

GANZ OBEN *Mit gelän-
degängigen Motorrä-
dern wagen sich die
Ostsibirjaken auch auf
die sumpfigen Wiesen.*

*Im Jüdischen
Autonomen Gebiet
Birobidschan.*

RECHTS *Leidenschaft-
lich trägt eine Jüdin
zum Sabbat jiddische
Gesänge vor.*

Beim Kilometer 6906 ist das Goldgräberstädtchen Mogotscha erreicht. Hier herrschen die härtesten klimatischen Bedingungen entlang der Transsib – Dauerfrostboden, heiße Sommer und im Winter Frost bis minus 55 Grad. Doch der Ort hat dafür ganz andere Qualitäten. Auf ewenkisch, der Sprache eines in der Gegend beheimateten Volkes, heißt Mogotscha »goldenes Tal«. Man sagt, dort, wo das Geißblatt wächst, würde das Gold in der Erde liegen – und diese Pflanze kommt hier besonders häufig vor. Von Sibiriens reich mit Bodenschätzen gesegneten Weiten erzählt man sich eine alte Sage: Einst verteilte Gott aus einem großen Sack alle Reichtümer über die Erde. Über Sibirien war es so kalt, dass seine Hand zitterte und er die Reste verschüttete. Aus Ärger darüber bedeckte er das Land mit einer Schneedecke, da niemand die Schätze finden sollte.

Das Städtchen Jerofej Pawlowitsch am Kilometer 7111 ist die erste größere Ortschaft im Verwaltungsgebiet Amur. Hier endet offiziell Sibirien und es beginnt der bis an den Pazifik reichende Föderationskreis Fernost. Mit dem Ort Oblutschje, beinahe 1000 Kilometer weiter östlich, ist die nächste Verwaltungseinheit erreicht – das Jüdische Autonome Gebiet Birobidschan. 1928 wurde die Region zur Besiedlung ausgerufen und

Juden wie auch andere Russen folgten dem Ruf. Die über 40 000 angereisten Juden waren keineswegs Verbannte, sie glaubten vielmehr an eine realistische Alternative zu Palästina. Wie enttäuscht waren sie, als sie sich mit den hiesigen Lebensbedingungen konfrontiert sahen: Klima und Boden waren ungeeignet für die Landwirtschaft und der Handel fand keinen Absatz. Zwei Drittel von ihnen gaben schon wenige Jahre später wie-

deleben ist wieder intensiver geworden. Manche Juden kehrten sogar aus Israel zurück, weil es ihnen dort politisch zu unsicher, zu heiß oder zu eng geworden war. Birobidschan dagegen ist friedlich, grün und mit reichlich Platz gesegnet. Im Jahr 2005 öffnete eine neue, moderne Synagoge ihre Pforten, aber auch in der alten Synagoge, einem hellblauen Holzhaus mit weißen Fensterläden, trifft noch immer die kleine Gemeinde Beit Tschuwa (»Haus der Heimkehr«) in alter Gemütlichkeit zusammen.

Von Birobidschan ist es nicht mehr weit bis Chabarowsk, etwa zwei Stunden Fahrt durch eine ebene, sumpfige Graslandschaft. Die zweieinhalb Kilometer lange Amurbrücke, die längste Russlands, bildet den Auftakt zu der 620 000-Einwohner-Stadt. Von hier oben blickt man über feuchte Uferwiesen mit einem verzweigten Netz schmaler Nebenarme, verbuschte Flussinseln und den mächtigen Mittelstrom – ein überwältigendes Bild.

Im Jüdischen Autonomen Gebiet Birobidschan.

OBEN *Mit einem Gottesdienst wird der Sabbat, der jüdische Ruhetag, eröffnet.*
LINKS *Beim abendlichen Sabbatmahl in der Synagoge kommt schnell Stimmung auf.*

der auf. Von den Übriggebliebenen wanderte der Großteil in den 1990er Jahren nach Deutschland oder Israel aus und heute sind nur noch etwa zwei Prozent der birobidschaner Bevölkerung jüdischen Glaubens.

Schon bald hält der Zug in der 80 000 Einwohner zählenden Gebietshauptstadt, die ebenfalls Birobidschan heißt. Hier hat sich mittlerweile die Situation stabilisiert, es gibt Arbeit und auch das jüdische Gemein-

JAHRHUNDERTBAUSTELLE UND JAHRHUNDERTFLOP

DIE BAIKAL-AMUR-MAGISTRALE (BAM)

»Ich teile Euch, meinen Eltern, mit, dass heute, am 27. April 1974 vom Jaroslawler Bahnhof Moskau ein spezieller Militärzug nach Osten geht. In diesem Militärzug – die ›Allsowjetische Stoßtruppe der Komsomolzen‹. Junge Leute aus Moskau und Leningrad, aus allen Unionsrepubliken kommen sie, um die BAM zu bauen. Ich fahre mit ihnen. Ich küsse Euch. Wanja.« So klang einer der vielen Abschiedsbriefe an jenem Tag, an dem der Vorsitzende der Kommunistischen Partei Leonid Breschnew (1907–1982) den russischen Jugendverband Komsomol zur Mithilfe am Bau der Baikal-Amur-Magistrale, kurz BAM, aufrief. Scharen junger Russen brachen in den folgenden Wochen voller Tatendrang auf, um die sogenannte »zweite Transsib« in die bisher unerschlossene Gegend zwischen dem Baikal und dem Stillen Ozean hinein zu bauen. Sie sollte annähernd parallel zur klassischen Strecke, nur 400 bis 700 Kilometer weiter nördlich, verlaufen.

Doch nicht alle Komsomolzen waren auf derart harte Umstände eingestellt: Hitze und Mücken machten die kurzen Sommer zur Qual und im Winter sanken die Temperaturen zum Teil unter minus 60 Grad. Lebensmitteltransporte blieben im metertiefen Schnee stecken. An Unterkünfte für jene ungelernten Helfer wie auch für die angestellten Ingenieure hatte niemand gedacht und so hausten sie zum Teil lange Jahre in Armeezelten und Eisenbahnwaggons, den *wagontschiki*. Auch die Bauarbeiten bargen Schwierigkeiten: Überall musste aufge-

abends an Lagerfeuern und sangen selbst ge-
schriebene Lieder. Mit der Zeit verbesserte sich
die Lebensmittelversorgung, Städte wurden aus
dem Boden gestampft und die »Baustelle des
Jahrhunderts« mit neuester Technik aus Japan,
Deutschland oder Schweden beliefert.

Mit sehr viel schlechterer Ausrüstung hatten 40 Jahre zuvor schon einmal Männer an der

schüttet, gesprengt, überbrückt oder gegraben
werden. Dauerfrostböden und Erdbeben, un-
zugängliche Gebirge, Sümpfe und die Taiga
machten den Arbeitern das Leben schwer.

Die Regierung hatte die Komsomolzen mit
materiellen Anreizen gelockt, hohen Löhnen
und schönen Wohnungen, Autos und kosten-
losem Urlaub. Aber auch die besten Aussichten
konnten die Entbehrungen und Anstrengungen
nicht aufwiegen. Viele der jungen Leute ver-
schwanden so schnell wieder, wie sie gekommen
waren. Diejenigen, die blieben, vereinte Enthu-
siasmus und brüderlicher Zusammenhalt; sie
nannten sich *bamowzy*, wärmten ihre Seelen

1 *Großartige Landschaftspanoramen erwarten
den Bahnreisenden auf der BAM.* **2** *Mehrere
Hundert Kilometer nördlich der Transsib ist
die Natur wilder und das Klima noch härter.*
3 *Ein Denkmal für die Leningrader Erbauer
der Stadt Sewerobojkalsk.* **4** *Im über 2000
Meter hohen Baikalgebirge.*

BAM gearbeitet, und zwar nicht freiwillig. Zu Beginn der 1930er Jahre hatte Generalsekretär Iosif Stalin (1879 – 1953) die Verlegung von Schienen zwischen Tajschet und dem Pazifikhafen Sowetskaja Gawan befohlen. Es gab viel zu holen in dieser Region: Gold, Steinkohle, Diamanten, Eisenerz, Erdöl, Kupfer. Nach Stalins Tod wurde das Projekt auf Eis gelegt, wobei das größte Stück der Strecke zwischen den Städten Ust-Kust an der Lena und Komsomolsk-na-Amure noch fehlte.

Breschnew aktivierte die Pläne Anfang der 1970er Jahre, da China nach einer vorteilhafte-

1

2

3

ren Grenzziehung zu Russland strebte und seine Forderungen mit Schießereien im Grenzgebiet bekräftigte. So sah Breschnew die grenznah verlaufende Transsib als gefährdet an und setzte auf eine sicherere Verbindung im Hinterland.

Am 27. Oktober 1984 war es so weit: Bei Kilometer 877, nahe der Siedlung Kuanda im Gebiet Tschita, wurde unter großem Jubel das »Goldene Gleis« verlegt – dieses Datum gilt als Geburtstag der BAM. Allerdings war die gut 4000 Kilometer lange Strecke aufgrund unzähliger Provisorien und waghalsiger Abkürzungen noch lange nicht befahrbar. 1989 konnte dann

endlich der Regelverkehr eröffnet werden, doch erst ab dem Jahr 2003, seit der Eröffnung des 15 343 Meter langen Seweromysker Tunnels, kann die Baikal-Amur-Magistrale als fertiggestellt betrachtet werden.

Zu diesem Zeitpunkt war der Freudentaumel des russischen Volks über seine Errungenschaft schon längst völliger Gleichgültigkeit gewichen – über Glasnost und Perestrojka hatte Russland sein Jahrhundertwerk im fernen Sibirien einfach vergessen. Und als es sich wieder erinnerte, geschah dies nur, um die Fehlinvestition anzuprangern oder gar die Stilllegung der

Strecke zu propagieren. Niemand kümmerte sich um die Helden der vergangenen 20 Jahre, denen nun sogar das Geld für das tägliche Brot fehlte. Nicht eines der Versprechen, mit denen sie gelockt worden waren, war erfüllt worden. Schließlich brachte die Trasse nicht den erhofften Profit ein, da Investoren für die Errichtung der ursprünglich geplanten Bergbau- und Industrieobjekte im Einzugsgebiet der BAM fehlten.

Bis heute ist die Region unterentwickelt, viele arbeitslose Eisenbahner wandern ab und Geistersiedlungen säumen mittlerweile den Bahndamm. Noch immer verläuft die Strecke

am Fenster vorbei. Überlebenswille und hoffnungsloses Elend treffen auf der BAM mit dramatischen Kulissen zusammen – ein wahrer Geheimtipp für den Bahnindividualisten.

größtenteils eingleisig, zudem ist sie bislang nicht komplett elektrifiziert. Wenigstens gibt es Hoffnung, dass mit dem aktuellen Rohstoffboom die schlummernden Bodenschätze endlich erschlossen werden und somit die Bahnlinie eine bessere Auslastung erfahren wird.

Bis dahin berauscht sie ihre Fahrgäste noch mit der ursprünglichen, wilden Schönheit ihrer Natur. Besonders spektakuläre Blicke bieten sich

bei der Durchquerung des Baikalgebirges mit seinen kegelförmigen Höhen und auf der Fahrt entlang der blauen Lagunen des nördlichen Baikalufers. Bis Komsomolsk na Amure erreicht ist, eine für diese Region ungewöhnlich prächtige Stadt mit herrschaftlichen Häusern und lang gestreckten Prospekten, kriechen über viele Stunden und lange Tage hohe Berge, enge Täler, dichte Taiga und lichtere Sumpflandschaften

1 und 2 Aus der ganzen Sowjetunion kamen in den 1970er Jahren junge, abenteuerhungrige Russen nach Ostsibirien, um die BAM zu bauen. 3 Die erhoffte wirtschaftliche Entwicklung blieb aus, die Bahnstrecke ist noch immer nicht ausgelastet. 4 Sewerobajkalsk eignet sich als Basisstation, um den nördlichen Baikal zu erkunden. 5 Anfänglich verlief der Wohnungsbau zu langsam, heute stehen viele Häuser leer. 6 Dass Verkäuferinnen freundlich lächeln, ist nach wie vor nicht die Regel.

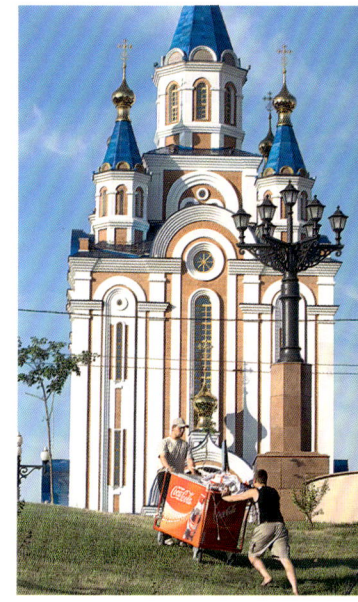

DIE RACHE DES JEROFEJ CHABAROW

Im Jahr 1649 drang der abenteuerhungrige Jerofej Chabarow (gestorben 1667) mit einem Trupp von 200 Mann zum Amur vor, um die fruchtbare Region für das Zarenreich zu erobern. Die eingeborene Bevölkerung floh entsetzt, denn noch allzu gut war ihnen der Besuch des Kosaken Wassilij Pojarkow drei Jahre zuvor im Gedächtnis haften geblieben, der mit mordendem und plünderndem Gefolge durch ihr Land gezogen war. Der Russe Chabarow musste allerdings unverrichteter Dinge wieder abreisen, denn die Amurbewohner, die Dauren, hatten alle Lebensmittelvorräte vor ihrer Flucht vernichtet. Im folgenden Jahr zog er erneut los und überraschte die Ureinwohner. Mit Musketen und Kanonen gingen seine Männer gegen sie vor, richteten ein grauenvolles Blutbad an und hinterließen verbrannte Erde. Nebenbei errichteten sie auch erste kleine Festungen. Nach seiner Rückkehr leitete das Moskauer Gericht gegen Chabarow einen Prozess ein – doch letztlich wogen anscheinend seine Verdienste fürs Vaterland die begangenen Gräueltaten auf und er blieb unbehelligt.

An der nahe gelegenen Mündung des Ussurij in den Amur soll 1853 der amtierende Generalgouverneur Sibiriens, Nikolaj Murawjow-Amurskij (1809–1881), vorbeigeschifft sein und bedeutungsvoll gesagt haben: »Hier wird eine Stadt entstehen.« Fünf Jahre später verhandelte er mit China, das aufgrund innerer Konflikte und Bedrohungen durch Kolonialmächte geschwächt war und zwangsweise das Gebiet nördlich des Amurs an Russland abtrat. Schon 20 Tage darauf begannen Soldaten mit dem Bau der Festung Chabarowka, aus der 1893 Chabarowsk wurde. Dieser Ortsname nimmt Bezug auf den Eroberer Jerofej Chabarow, der Mitte des 17. Jahrhunderts in der Amurregion die ersten russischen Stützpunkte errichten ließ.

Chabarowsk ist eine moderne, großzügig angelegte Stadt mit breiten, begrünten Magistralen. Das Gros der Bebauung besteht zwar aus mäßig dekorativen Hochhäusern und mit hellen Ziegeln verkleideten Wohnblocks aus sowjetischer Zeit, doch es wird viel restauriert, gebaut und gepflegt. Neue Springbrunnen entstehen und Kirchen werden errichtet, wie die schlanke Mariä-Himmelfahrts-Kathedrale am Komsomolskaja-Platz, dem Siedlungsursprung. Hier beginnt die alte Murawjow-Amurskij-Straße, in der man noch Backsteinfassaden, historistische Bauelemente und Jugendstildekor findet. Die Lebensader der Stadt aber ist der Amur. Dort

LINKE SEITE Chabarowsk ist auf drei Hügeln und in zwei Tälern erbaut. Die im altrussischen Stil gänzlich neu errichtete Heilige-Verwandlungs-Kathedrale wurde 2004 eingeweiht.

GANZ OBEN Das Leninstadion prunkt mit seinem neoklassizistischen Eingangsbereich.

OBEN Es kostet einige Mühen, den Eiswagen das steile Amurufer zur Mariä-Himmelfahrts-Kathedrale hinaufzuschieben.

herrscht eine entspannte, lockere Atmosphäre, ein lie-bevoll gestalteter Stadtpark überzieht das bergige Fluss-ufer und die städtischen Badestrände verlocken zum Sonnen und Volleyballspielen. Nur das Baden sollte man tunlichst unterlassen, denn der Sungari, ein aus China kommender Nebenfluss des Amur, bringt schädliche Abwässer in den Strom ein. Besser man vergnügt sich in den Zeltcafés bei Livemusik und Tanz.

Etwa zwölf Stunden dauert die Weiterfahrt durch das Flusstal des Ussurij ins 766 Kilometer südlich von

LINKE SEITE *Urlaubs-stimmung am städti-schen Amurstrand von Chabarowsk.*

GANZ OBEN *Die Aus-flugsschiffe legen ein-fach am Strand an.*

OBEN *Ein beliebter Treffpunkt der Jugend-lichen ist die Terrasse auf dem Klippenturm.*

PETER FLEMING

»Deshalb liebe ich die transsibirische Bahn. Du liegst in deinem Bett, mit Fug und Recht untätig. Am Fenster kriechen Ebenen und huschen Wälder vorbei. Die Sonne scheint schwächlich auf ein leeres Land. Stöße von Birkenstämmen entlang der Strecke – silbrig außen, schwarz an den feuchten Enden – erwecken die ausgefallene Illusion, als wären sie winterlich bereift. Immer ist irgendwo eine Elster in Sicht. Du hast nichts zu schauen, aber auch keinen Grund, warum du aufhören solltest zu schauen.«

Mit mir allein. Eine Reise nach China, 1933

Endlos lange Züge rumpeln lautstark durch die einsamen Weiten.

Wladiwostok.

OBEN *Die kleine Meer-jungfrau lädt zum Erfrischungsbad im Amurbodden ein.*

OBEN RECHTS *Am Gol-denen Horn, einer schmalen Meeresbucht, gingen 1860 die ersten russischen Soldaten an Land und gründeten eine Festung.*

RECHTS *Mit der Zahn-radbahn gelangt man zu einer Terrasse, von der man einen herr-lichen Blick über die Stadt hat.*

RECHTE SEITE OBEN *Der Jugendstilbahnhof sorgt für einen würde-vollen Empfang der Reisenden.*

RECHTE SEITE UNTEN *Vor dem Denkmal der Kämpfer für die Sowjetmacht.*

Chabarowsk gelegene Wladiwostok. Der parallel zur Bahnstrecke verlaufende Ussurij ist leider zu weit ent-fernt, um einen Blick auf seine Fluten werfen zu kön-nen. Dafür schlägt der Wind Wellen in das seidige Gras-meer, auf dem unzählige Blüten schwimmen. Kleine Flüsschen winden sich zwischen ihnen hindurch, dich-te Birkenwälder schließen sich an – und doch ist die Schönheit trügerisch. Die Wiesen sind so stark ver-sumpft und mückenverseucht, dass ein ungestörter Na-turgenuss lediglich vom sicheren Abteil aus gegeben ist.

Zu guter Letzt befährt der Zug etwa eine halbe Stunde lang die Murawjow-Amurskij-Halbinsel, an de-ren Spitze Wladiwostok zwischen waldigen Hügeln und Meeresbuchten eingebettet liegt. Die Gleise verlaufen bereits neben der Küste des Japanischen Meeres, ge-nauer gesagt entlang des Amurboddens. Bei warmem Sommerwetter – Wladiwostok liegt wohlgemerkt auf demselben Breitengrad wie Monaco – kann man baden-de Ausflügler an den schmalen Sandstränden beobach-ten. Doch an den meisten Tagen breiten sich bleierne Nebelschwaden über dem Wasser aus.

Und dann ist man tatsächlich angekommen – in Wladiwostok, der Endstation der Transsibirischen Eisen-

bahn. Eine frische Brise weht über die Gleise, es duftet nach Meer. Der Bahnhof ist nicht groß für eine Stadt mit fast 700 000 Einwohnern; doch er wirkt durch die Ju-gendstilelemente und neoaltrussischen Details beson-ders dekorativ. Eine gewisse Ähnlichkeit mit dem Jaros-lawler Bahnhof in Moskau, an dem der Reisende vor 9288 Kilometern sein Abenteuer mit der Transsib be-gonnen hat, ist natürlich kein Zufall.

Gleich hinter den Bahnsteigen bietet das Hafenge-bäude, der »Meeresbahnhof«, von seiner umlaufenden Terrasse einen weiten Blick über die windgeschützte

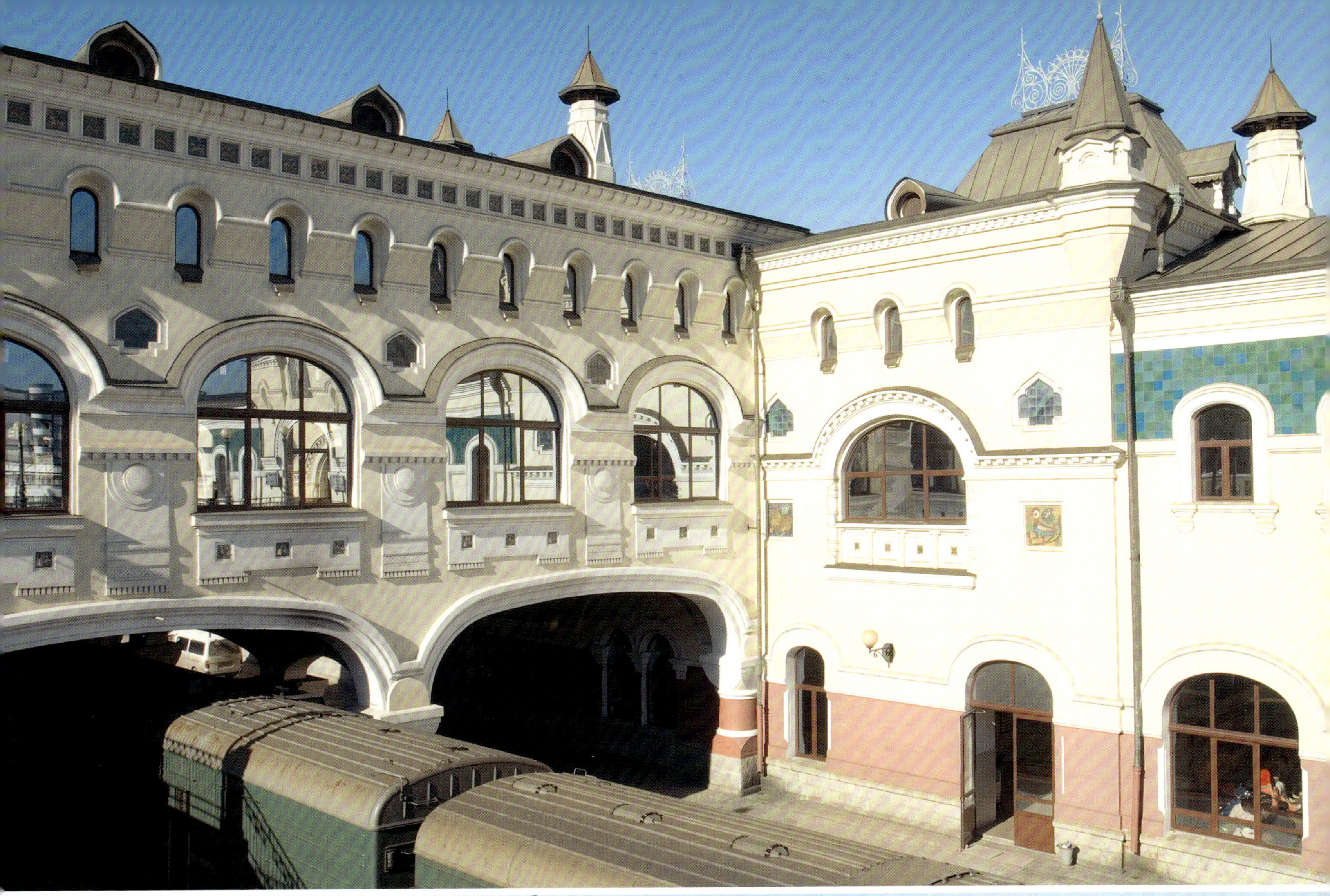

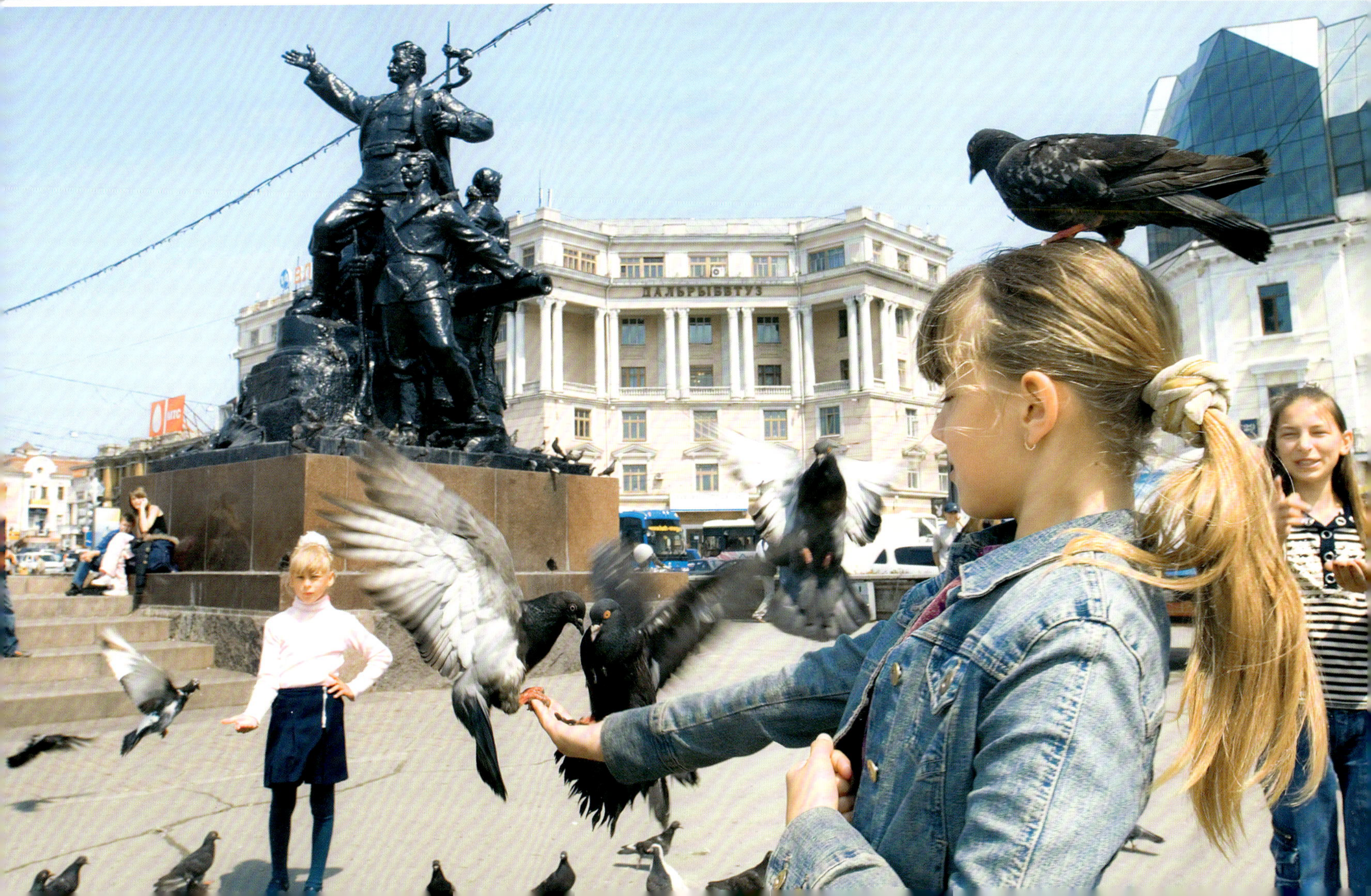
ДАЛЬРЫБВТУЗ

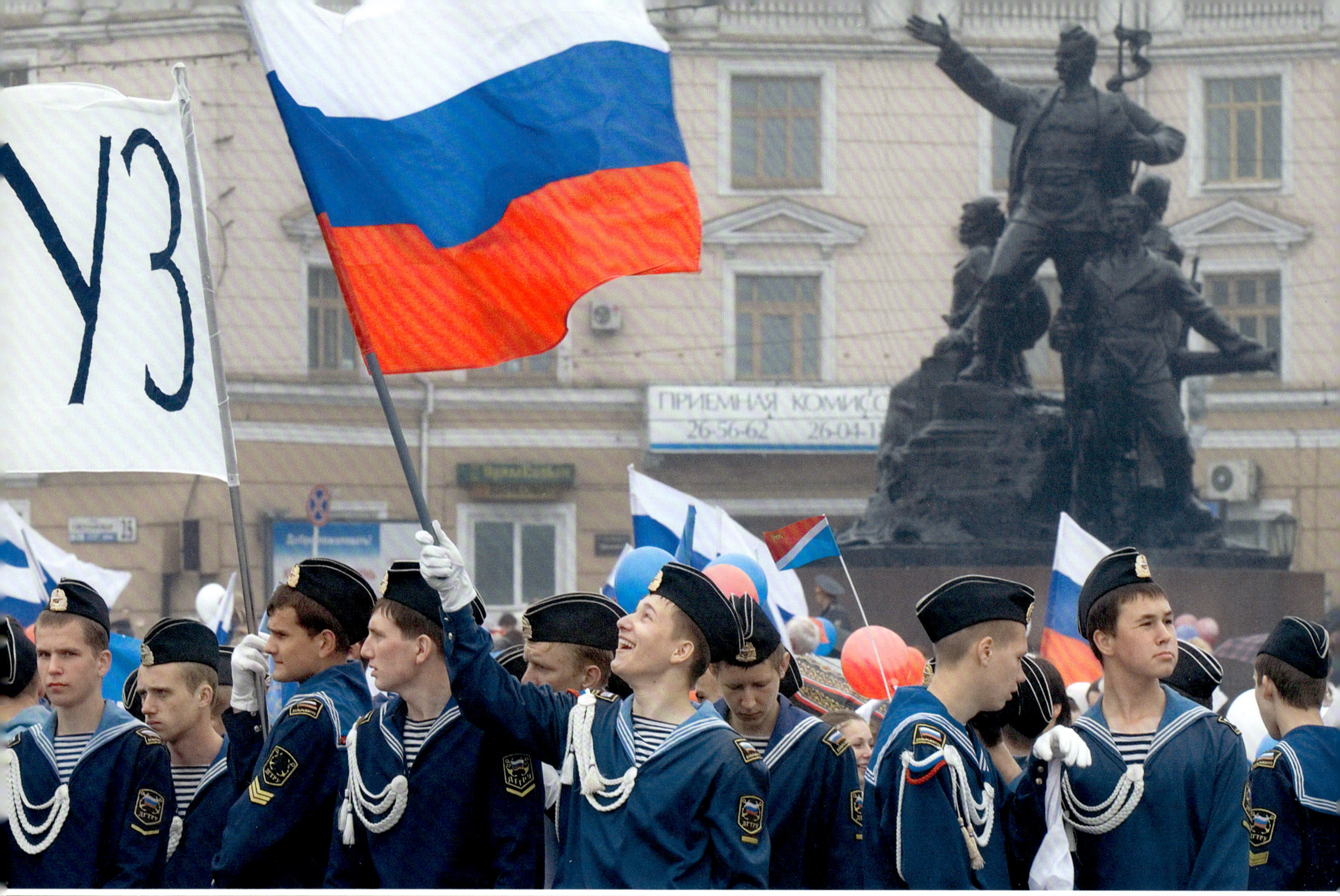
УЗ
ПРИЕМНАЯ
26-56-62

1941

РОССИЯ
МГУ

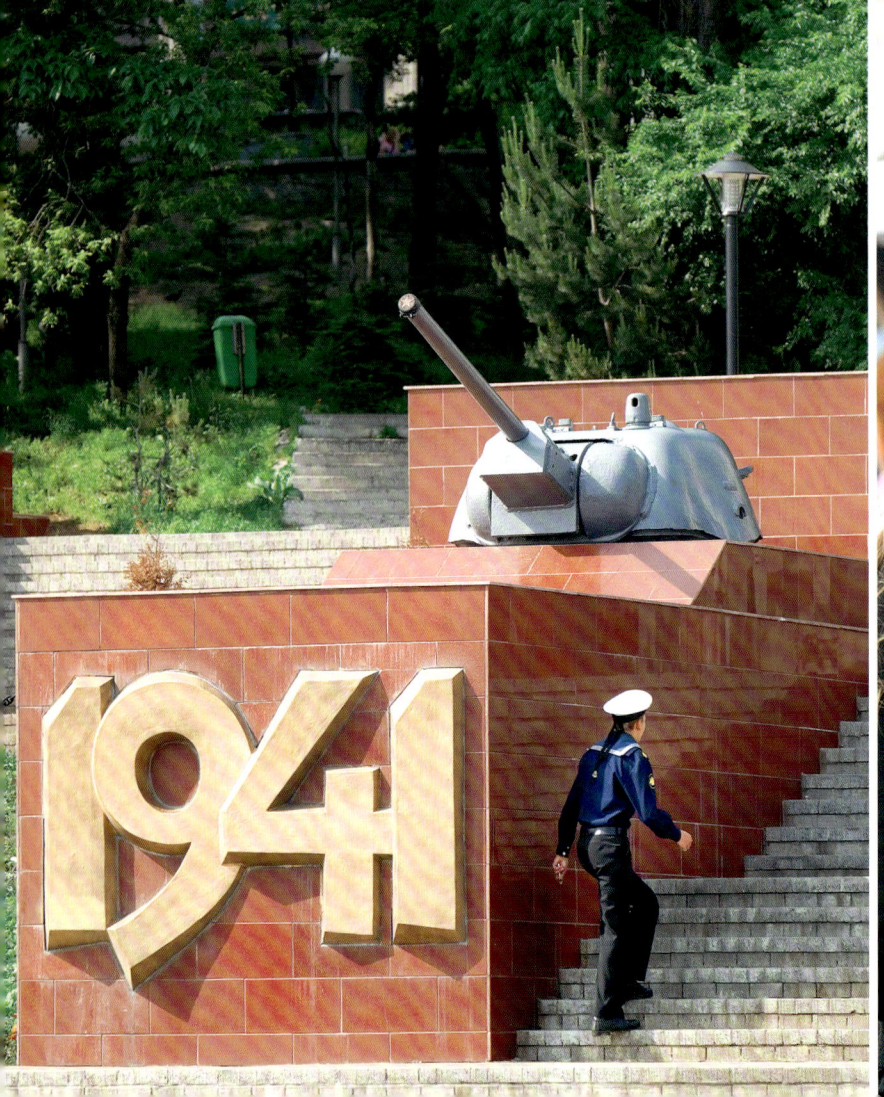

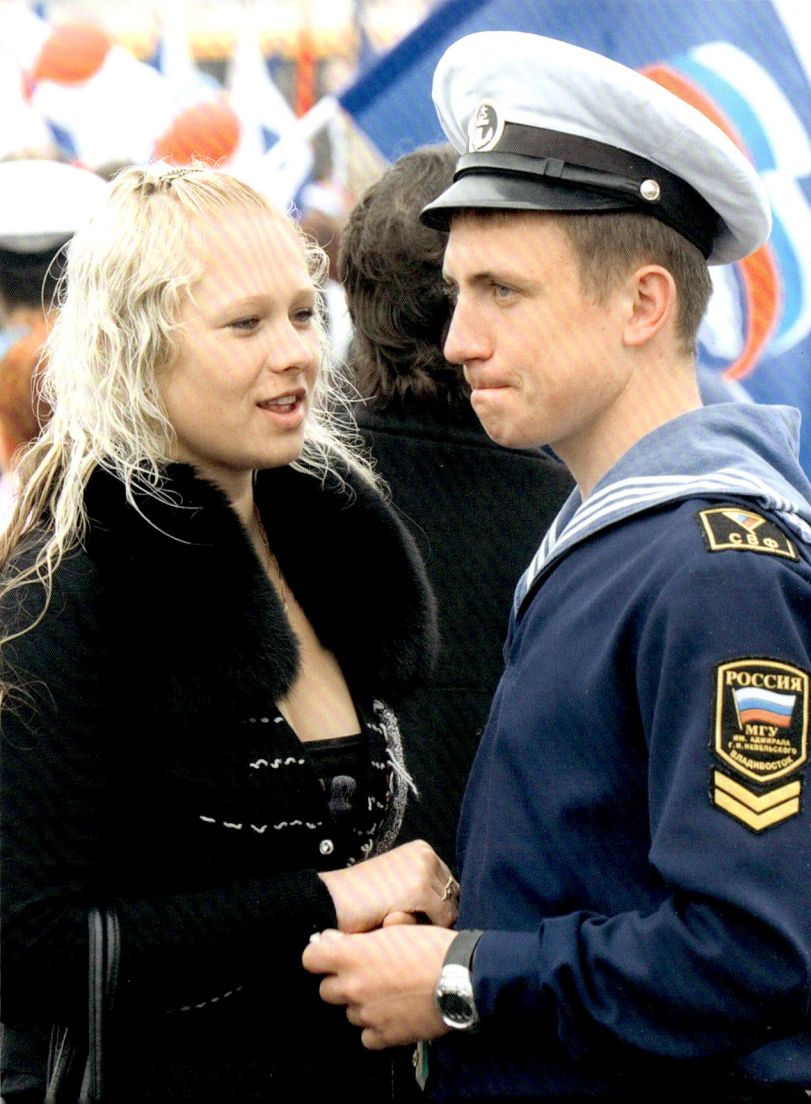

Bucht »Goldenes Horn«. Dort gingen 1860 die ersten Seemänner an Land, um eine kleine Festung aufzubauen. Heute ragen Kräne am Ufer auf, Fähren und Frachtschiffe ziehen vorbei und in Reih und Glied liegt die russische Kriegsflotte vor Anker – der Name Wladiwostok bedeutet schließlich »Beherrsche den Osten«. Den Automarkt dagegen beherrschen offensichtlich nicht die russischen, sondern japanische Gebrauchtfahrzeuge – auf den umliegenden Parkplätzen stehen dicht an dicht die frisch importierten Toyotas, Nissans und Hondas. Dieses boomende Geschäft hat die Stadt in den schwierigen 1990er Jahren vor dem Zusammenbruch bewahrt und immer noch sind weitaus mehr Wladiwostoker im Autohandel beschäftigt als bei der Marine.

Offenbart sich am Goldenen Horn das Wirtschaftsleben, so scheint dagegen am Jachthafen des Amurboddens »Urlaub am Meer« die Devise zu sein. Auf dem Wasser schaukeln Segelboote, Souvenirverkäufer bieten Muschelketten und die Fischverkäufer wagenradgroße Kamtschatkakrabben an. Man flaniert die schicke Promenade entlang, badet oder besucht das Delphinarium.

Über den Hügel zwischen Amurbodden und Goldenem Horn verläuft die Hauptstraße Swetlanskaja. In die-ser und in den umliegenden Straßen findet man Back-steinbauten, aber vor allem hohe Gebäude im Jugend-stil oder Neoklassizismus. Das hat seinen guten Grund, denn schon bald nach ihrer Gründung tummelten sich in der Stadt Händler, Seefahrer und Spekulanten verschiedener europäischer Nationen, die sich Häuser nach heimatlichen Vorbildern erbauten. Unter ihnen befanden sich auch zwei Hamburger, Gustav Kunst und Gustav Ludewig Albers. 1864 eröffneten sie hier eine Gemischtwarenhandlung, die sich schnell zu einem fernöstlichen Handelsimperium entwickelte. Das einstige Kaufhaus »Kunst & Albers«, ein geschmackvoller, 1906 fertiggestellter Jugendstilbau, beherbergt heute unter seinen mit Stuckornamenten verzierten Decken das Kaufhaus GUM.

Das rundum europäische Gesicht Wladiwostoks demonstriert die Zugehörigkeit der Stadt zum westlichen Teil Russlands – und dabei ist es gleich, ob man sie als Ende des Kontinents oder als Tor nach Asien begreift, und es ist auch egal, ob man sie als Endpunkt der Transsibirischen Eisenbahn sieht oder den Ort, von dem aus mit der Grundsteinlegung 1891 dieses großartige Projekt seinen Anfang nahm.

LINKE SEITE OBEN *Am 12. Juni, dem Tag der Unabhängigkeit Russlands, feiert die ganze Stadt.*

LINKE SEITE UNTEN LINKS *Die Erinnerung an die Opfer des Zweiten Weltkriegs wird sogar im äußersten Osten aufrechterhalten.*

LINKE SEITE UNTEN RECHTS *Die Marine ist der Stolz der Stadt und einer der größten Arbeitgeber.*

OBEN LINKS *Wladiwostok ist Russlands wichtigster Flottenstützpunkt.*

OBEN *Selten zu Hause und dennoch beliebt bei den Frauen: die Marinesoldaten.*

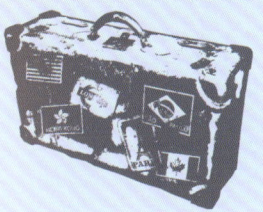

DIE TRANSSIBIRISCHE EISENBAHN VON A–Z

Aufenthalte

Nordöstlich von der russischen Hauptstadt Moskau lädt der geschichtsträchtige *Goldene Ring* mit seinen jahrhundertealten Städten zu Tagesausflügen ein. An der Ostseite des Uralgebirges ist die neu errichtete *Jekaterinburger Blutskirche* einen Zwischenstopp wert, und 1500 Kilometer weiter östlich kann man in *Nowosibirsk* am Ob, der Hauptstadt Sibiriens, Museen, Theater und zahlreiche gut erhaltene Zeugnisse von stalinistischem Monumentalklassizismus besichtigen. Am Baikalsee ist eine Fahrt auf der sogenannten *Alten Baikalbahn* entlang des Seeufers ein unvergessliches Erlebnis. Dazu gehört ein Besuch in *Irkutsk*, dem »Paris des Ostens«, mit seinen schönen alten Holzhäusern. In der Mongolei empfiehlt es sich, von *Ulaanbaatar* aus eine Tour zum romantischen *Terelsch-Nationalpark* zu unternehmen. In China liegt etwa drei Stunden von *Peking* entfernt die Stadt *Datong*, von wo aus ein Ausflug zu den riesigen Buddha-Skulpturen in den *Wolkengrat-Grotten* unbedingt empfehlenswert ist.

Auch der Besuch eines Fests kann ein lohnender Grund für einen längeren Zwischenaufenthalt sein: Anfang März, in der Woche vor Beginn der christlich-orthodoxen Fastenzeit, findet überall in Russland das Butterfest, die *Masleniza*, statt. Feucht-fröhlich wird mit allerlei Spielen und Wettbewerben der Frühling begrüßt, obwohl eigentlich noch tiefster Winter herrscht.

Zum Jahreswechsel nach dem Mondkalender findet in Ulan Ude nahe des Baikalsees im Kloster Chambyn Chure das burjatische Neujahrsfest *Sagaalgan*

statt. Ein ganzer Wald von Gebetsfahnen umgibt nun die Tempel, aufgehängt von Gläubigen, die ein segensreiches neues Jahr erbitten.

Jedes Jahr am 11. und 12. Juli messen sich die besten Sportler der Mongolei beim *Naadam* Fest in Ulaanbaatar. Das ganze Land steht Kopf, bis die Sieger im Ringkampf, Bogenschießen und Pferderennen feststehen.

Ausrüstung

Der sibirische Sommer bietet heiße Tage, doch nachts kann es recht kalt werden: Der Koffer sollte also leichte Bekleidung, aber auch ein paar warme Pullover enthalten. Ganz wichtig ist ein wirksamer Mückenschutz. Bei einer Winterreise ist bis mindestens –30 °C taugliche Kleidung erforderlich. Im Regelzug ist ein sportlich-legeres Outfit angebracht, auf eine Sonderzugreise und für abendliches Ausgehen in den Städten Russlands sollte man zusätzlich elegantere Kleidung mitnehmen.

Diplomatische Vertretungen

Botschaft der Russischen Föderation
Konsularabteilung: Behrenstr. 66, 10117 Berlin
www.russische-botschaft.de

Deutsche Botschaft Moskau
Uliza Mosfilmowskaja 56, 119 285 Moskau, Russland
www.moskau.diplo.de/Vertretung/moskau/de

Botschaft der Mongolei
Dietzgenstr. 31, 13156 Berlin
www.botschaft-mongolei.de

Deutsche Botschaft Ulaanbaatar
Hausadresse: Baga Toiruu-2, Negdsen Undestnii Gudamj, Ulaanbaatar 14201
Postadresse: P.O.Box 708, Ulaanbaatar 15160, Mongolei
www.ulan-bator.diplo.de/Vertretung/ulanbator/de

Botschaft der VR China
Konsularabteilung: Brückenstr 10, 10179 Berlin
www.china-botschaft.de

Deutsche Botschaft Peking
Embassy of the Federal Republic of Germany
17, Dongzhimenwai Dajie, Chaoyang District, Beijing 100600, China
www.peking.diplo.de/Vertretung/peking/de

4

Einreisebestimmungen

In Russland, der Mongolei und in China besteht Visapflicht. Ein Touristenvisum ist 30 Tage gültig. Für Russland sollte man rechtzeitig einen Visa-Service beauftragen. Bucht man bei einem Reiseveranstalter, übernimmt dieser die Beschaffung des Visums. Voraussetzung für den Visa-Antrag ist eine vom Konsulat gelistete Auslandskrankenversicherung, zudem darf der Reisepass frühestens drei Monate nach dem Ende der Reise ablaufen. Für die Mongolei und China kann man selbst ein Touristenvisum bei den Botschaften beantragen. Der Reisepass muss für die Mongolei zwölf Monate über die Reise hinaus Gültigkeit besitzen, für China sechs Monate.

Essen und Trinken

In Russland sollte man unbedingt die Rote-Bete-Suppe *Borschtsch* und *Pelmeni*, die fleischgefüllten Maultaschen, probieren. Sehr beliebt sind zudem *Bliny*, in Butter gebackene Eierpfannkuchen aus Buchweizenmehl. Ein besonderer, nicht ganz billiger Genuss ist echter *Kaviar* aus Stör-Rogen, das »schwarze Gold« Russlands. Die edelste und teuerste Sorte ist der hellgraue *Beluga-Kaviar*. Etwas preiswerter sind *Ossietra*- (nussiges Aroma) und *Sevruga-Kaviar* (kräftig-würzi-

ges Aroma). *Malossol-Kaviar* ist keine Sorte, sondern bedeutet »mild gesalzen«. Am besten kauft man Kaviar im Feinkostladen.

Guter russischer *Wodka* wird entweder aus Roggen, seltener aus anderem Getreide hergestellt, enthält rund 40 Prozent Alkohol und keinen Zuckerstoff. In Russland trinkt man ihn normalerweise pur, doch wird er zunehmend auch in mit Obst- und anderen Essenzen aromatisierter Form angeboten. Je nach Herstellungsverfahren gibt es Sorten in unterschiedlicher Qualität und Preislage. Bis zu 100 Euro kann man für eine 0,7-Liter-Flasche ausgeben.

In der Mongolei ist in der Milchkanne gegartes *Ziegenfleisch* eine besondere Delikatesse. Auch vergorene Stutenmilch (*Airag*), gesalzener Milchtee (*Suutei Tschai*) oder der leichte Milchschnaps (*Archi*) sind dort eine Kostprobe wert. In Peking sollte man sich den Genuss der nach echtem traditionellem Ritual zubereiteten *Pekingente* gönnen.

Geld

In russischen Großstädten erhält man in den Wechselstuben (*obmen waljuty*) den günstigsten Kurs, doch auch in den Banken und vielen Hotels können Euros ge-

gen Rubel getauscht werden. In Russlands Großstädten haben sich Kreditkarten als Zahlungsmittel weitgehend durchgesetzt, doch gibt es Ausnahmen. An Geldautomaten erhält man mit Kredit- und EC-Karte Bargeld. Auch in Ulaanbaatar in der Mongolei und in chinesischen Großstädten ist der Geldwechsel von Euro in Tugrik bzw. Renminbi kein Problem. Dort kann man mit bekannten Kreditkarten in großen Hotels und Kaufhäusern zahlen und auch an vielen Geldautomaten Geld abheben.

Trinkgeld: In Russland und in der Mongolei wird im Restaurant kein Trinkgeld erwartet. In China ist Trinkgeld ursprünglich nicht üblich gewesen, doch die Erwartungshaltung gegenüber ausländischen Touristen steigt.

1 *Nur ein Kilometerschild am Gleis markiert die kleine Bahnstation in der Taiga.* **2** *Die riesige Leninskulptur vor dem noch viel gewaltigeren Opern- und Balletttheater von Nowosibirsk.* **3** *Mit der richtigen Kleidung können sibirische Winter aufregend werden.* **4** *Der ehemalige Kreml von Susdal im Goldenen Ring. Die Muttergottes-Geburts-Kathedrale gehört seit 1992 zum UNESCO-Welterbe.*

Gesundheit/Hygiene

Grundsätzlich sollte man weder in Russland noch in der Mongolei oder in China unabgekochtes Leitungswasser trinken und möglichst auf Mineralwasser zurückgreifen. Es ist ratsam, ausschließlich zuvor gegarte Nahrungsmittel und nichts wieder Aufgewärmtes zu sich zu nehmen.

In keinem der drei Länder sind Impfungen vorgeschrieben, doch werden manche empfohlen, zum Beispiel Hepatitits-A- und -B-Impfung. Die Reiseapotheke sollte unbedingt Mittel gegen Durchfall enthalten. Im Krankheitsfall kann der Reisende sich durch die Hotelrezeption oder die Deutsche Botschaft an einen englisch- oder deutschsprachigen Arzt verweisen lassen. Im Sonderzug Zarengold reist ein Arzt mit. Meist muss die Rechnung sofort beglichen werden, das Geld wird jedoch erstattet, wenn eine Auslandskrankenversicherung abgeschlossen wurde. Auch eine Rückholversicherung ist ratsam.

Reiseplanung

Die Transsibirische Eisenbahnstrecke wird im engen Takt von Güter- und Personenzügen befahren. Der Reisende kann beliebig oft und lange seine Fahrt für Stadtbesichtigungen, Ausflüge oder die Teilnahme an Festen unterbrechen, um später mit einem anderen Zug weiterzufahren.

Zusammenarbeit mit Reiseveranstaltern:

Von der Planung einer Reise auf eigene Faust ist im Allgemeinen eher abzuraten; dies ist nur Russlandkennern und Rucksacktouristen mit Russischkenntnissen zu empfehlen.

Ein in Russlandreisen erfahrener Reiseveranstalter kann sowohl individuelle Reisewünsche erfüllen als auch Gruppenreisen mit detailliertem Programm und persönlicher Betreuung durch Reiseleiter anbieten. Einige Reisebüros veranstalten zudem Sonderzugreisen, wie etwa die Reise mit dem *Trans-Sibirien Express* oder dem *Zarengold*, die wie luxuriöse Hotels auf Schienen zwischen Moskau und Wladiwostok hin und her rollen und dabei ein großartiges Programm mit mehreren Aufenthalten an den Höhepunkten der Strecke bieten. Wer nach Peking will, steigt an der chinesisch-mongolischen Grenze auf einen anderen Sonderzug um.

Touristisch geeignete Regelzüge:

Wer mit Regelzügen unterwegs ist, sollte, um ein angenehmes Niveau an Bequemlichkeit sicherzustellen, auf Zugnummer und Wagenklasse achten. Es gilt prinzipiell: Je niedriger die Zugnummer, desto komfortabler der Zug. Akzeptabel ist alles zwischen 1 und 100. So verkehrt etwa das Zugpaar 1/2, der *Rossija*, zwischen Moskau und Wladiwostok, oder das Zugpaar 25/26 namens *Sibirjak* zwischen Moskau und Nowosibirsk. Die angenehmste Wagenklasse ist der *spalnyj wagon*, der Schlafwagen.

Reisevarianten

Empfehlenswert ist die 7865 Kilometer lange Strecke Moskau–Peking, wobei man am Baikalsee die Transsibirische Eisenbahn verlässt und auf der Transmongolischen Bahn Richtung Mongolei und China weiterfährt. Weitere Anschlussstrecken sind die Baikal-Amur-Magistrale (BAM), die etwa 400 bis 700 Kilometer nördlich der Transsib verläuft, sowie die Transmandschurische Bahn, die durch den Norden Chinas führt.

Reisezeit

Für Sommerreisen eignet sich die Zeit von Ende Mai bis Ende September, wobei ein längerer Peking-Aufenthalt nicht im Hochsommer zu empfehlen ist. Die Mongolei ist von Juni bis Mitte September, wenn das Steppengras herrlich grünt, am schönsten. Eine Winterreise ist die aufregendste Art, ein märchenhaft weißes Sibirien kennenzulernen, setzt aber gute Ausrüstung voraus.

besten vom Hotel aus. Internetcafés gibt es heute in jeder größeren Stadt.

Verpflegung: Jeder Zug besitzt einen Speisewagen; man kann aber auch an Bahnsteigen von den Einheimischen Gemüse und Selbstgekochtes kaufen oder Snacks beim Schaffner erwerben. Außer den üblichen Getränken im Speisewagen wird in jedem Waggon schwarzer Tee angeboten, frisch gebrüht aus dem Samowar.

Unterkünfte

In den größeren Städten Russlands gibt es gute und auch sehr gute Hotels, die etwa vier bis fünf Sternen entsprechen. Die etwas preiswerteren Varianten versprühen oft noch alten Sowjetcharme und können, obwohl auch nicht ganz billig, auf unterstem Niveau liegen. Vor allem im Sommer sollte man im Voraus buchen. In Ulaanbaatar und Peking findet man Hotels für alle Ansprüche, vorherige Recherche, Beratung und Buchung beim Reiseveranstalter sind zu empfehlen.

Service

Gepäck: Die Gepäckfächer sind in allen Zug- und Wagenklassen großzügig ausgelegt; auch ein großer Koffer findet Platz.

Heizung: Im Normalfall besitzen die Waggons noch Kohleheizungen, die auch bei eisigsten Temperaturen für Wärme sorgen.

Hygiene: Duschen gibt es nur in der allerbesten Zugkategorie, doch sind die Wasch- und Toilettenräume an den Waggonenden meist in akzeptablem Zustand. Die Waggonschaffner achten penibel auf Sauberkeit. In den Sonderzügen gibt es auch Abteile mit eigenem Bad.

Schlafen: Etagenbetten sind manchmal auch in den besten Kategorien anzutreffen, doch kann man beim Kauf der Fahrkarte gezielt eine untere Liege bestellen. Bettwäsche wird gestellt. Es gibt Vier- und Zwei-Bett-Kabinen, im *Zarengold* und im *Trans-Sibirien Express* auch Einzelkabinen.

Telefonieren: Viele Anbieter im deutschen Mobilfunknetz ermöglichen inzwischen das Telefonieren von Russland aus – am besten während längerer Aufenthalte auf den Bahnhöfen der Großstädte. Längere Telefonate oder E-Mails nach Hause erledigt man am

Sicherheit

Im Zug wird Sicherheit groß geschrieben, die Waggonschaffner gewähren niemandem ohne Pass und Fahrkarte Einlass. In russischen Großstädten sowie in Peking ist nicht mehr Vorsicht geboten als in den Metropolen Europas. In Ulaanbaatar sollte man sich zusätzlich gegen Taschendiebstahl sichern.

Die Transsibirische Eisenbahn in Zahlen

Baubeginn: 1891 bei Wladiwostok
Fertigstellung: 1916
Spurweite: 1524 mm (Breitspur)
Elektrifizierung: 2002 vollständig
abgeschlossen
Gesamtlänge: 9288,20 Kilometer
Anfangsstation: Moskau
Endstation:Wladiwostock
Flussüberquerungen: 16 große Ströme
Zeitzonen: 7
Dauer der Fahrt: 7 Tage ohne Unterbrechung

Verständigung/Sprache

In Moskau, Ulaanbaatar und Peking findet man an touristischen Orten meist Menschen, die Englisch können, leider nicht in den Zügen und allen anderen Städten. Die wichtigsten Redewendungen in der jeweiligen Landessprache sollten vor allem Individualreisende unbedingt lernen. Ein einfacher Sprachführer gehört ins Reisegepäck. Im Russischen kann ein *spassibo* (danke) oder ein *Sdrastwujtje* (Guten Tag) bereits helfen, die Sympathie der Einheimischen zu gewinnen.

Zarengold

Sonderzugreisen siehe Reiseplanung

Zeitverschiebung

Wer von Ost nach West reist, gewinnt pro Zeitzone (insgesamt sieben) eine Stunde dazu. Im Zug und auf den Bahnhöfen aber gilt stets die Moskauer Zeit. Bei Aufenthalten unterwegs muss also unbedingt die Differenz zur Ortszeit beachtet werden, um nicht zu spät am Bahnsteig zu erscheinen.

1 *Landschaftsgenuss pur beim Wandern entlang der Alten Baikalbahn.* **2** *Schirme dienen im sommerlichen Peking als Sonnenschutz, so wie im Himmelstempel vor der Halle der Ernteopfer.* **3** *Burjaten hängen zum Neujahrsfest Gebetsfahnen auf dem Klostergelände auf.* **4** *Zwischen Tradition und Moderne: Popen der russisch-orthodoxen Kirche.*

REGISTER

IMPRESSUM

Der Fotograf: Olaf Meinhardt

Die Autorin: Anne Meinhardt

Kartografie: Astrid Fischer-Leitl, München

Dank

Die Autoren danken Lernidee Erlebnisreisen; ihren Eltern für ihre unentbehrliche Hilfe; Vita Oganezova und ihrer Familie; Olga Rjabzewa und ihrer Familie in Moskau; Bernd Taube von Bergans of Norway und allen, die sie auf dieser Reise unterstützt haben.

Producing

Produktmanagement und Schlussredaktion für diese Ausgabe: Dr. Birgit Kneip
Produktmanagement und Bildauswahl der Originalausgabe: Joachim Hellmuth
Umschlag und grafische Gestaltung: Frank Duffek, München
Textredaktion: Anette Späth, Kristin Bamberg
Herstellung: Bettina Schippel

Reader's Digest

Projektleitung: Stefan Kuballa
Grafik: Gabriele Stammer-Nowack
Produktion: Thomas Kurz

Ressort Buch
Redaktionsdirektorin: Suzanne Koranyi-Esser
Redaktionsleiterin: Dr. Renate Mangold
Art Director: Susanne Hauser
Operations:
Leitung Produktion Buch: Norbert Baier

Bildnachweis:

Picture-Alliance/dpa, Frankfurt: 18 (2), 19 (2), 21 links (4). Alle anderen Fotografien stammen von Olaf Meinhardt.

Umschlag:
Vorderseite: Die alte Baikalbahnstrecke (oben); Moskau an der Moskwa bei Nacht (unten). Rückseite: Nonnenkloster in Wladimir; Speisewagen des Sonderzugs »Zarengold«; durch die Wüste Gobi.

Dieses Buch entstand in Zusammenarbeit zwischen der Bruckmann Verlag GmbH und Reader's Digest Deutschland, Schweiz, Österreich, Verlag Das Beste GmbH.

Genehmigte Sonderausgabe für Reader's Digest Deutschland, Schweiz, Österreich
© 2009, 2010 Bruckmann Verlag GmbH, München
© 2010 für diese Ausgabe: Reader's Digest Deutschland, Schweiz, Österreich
Verlag Das Beste GmbH

GR 1943/IC

Die Informationen, Ratschläge, Bilder und Routenvorschläge in diesem Buch sind von den Autoren und vom Verlag sorgfältig erwogen und geprüft worden. Eine Reise nach den in diesem Buch enthaltenen Vorschlägen erfolgt auf eigene Gefahr. Eine Haftung der Autoren bzw. des Verlages und seiner Beauftragten für Personen-, Sach- und Vermögensschäden aller Art, die aus den im Buch gemachten Hinweisen resultieren, ist ausgeschlossen.

Repro und technische Produktion: Repro Ludwig, Zell am See

Druck und Bindung: Korotan Ljubljana d.o.o.
Printed in Slowenien

ISBN 978-3-89915-615-7

Besuchen Sie uns im Internet:
www.readersdigest.de